[英国] 爱德华·克雷格 著　曹新宇 译

哲学的思与惑

牛津通识读本·

Philosophy

A Very Short Introduction

译林出版社

图书在版编目（CIP）数据

哲学的思与惑/（英）克雷格（Craig, E.）著；曹新宇译.
—南京：译林出版社，2013.1（2023.9重印）
（牛津通识读本）
书名原文：Philosophy: A Very Short Introduction
ISBN 978-7-5447-2980-2

Ⅰ.①哲…　Ⅱ.①克…②曹…　Ⅲ.①哲学－通俗读物
Ⅳ.①B-49

中国版本图书馆CIP数据核字（2012）第133141号

著作权合同登记号　图字：10-2014-197号

哲学的思与惑［英国］爱德华·克雷格 / 著　曹新宇 / 译

责任编辑　何本国　陈　锐
责任印制　董　虎

原文出版　Oxford University Press, 2002
出版发行　译林出版社
地　　址　南京市湖南路1号A楼
邮　　箱　yilin@yilin.com
网　　址　www.yilin.com
市场热线　025-86633278
排　　版　南京展望文化发展有限公司
印　　刷　江苏凤凰通达印刷有限公司
开　　本　890毫米×1260毫米　1/32
印　　张　8.75
插　　页　4
版　　次　2013年1月第1版
印　　次　2023年9月第13次印刷
书　　号　ISBN 978-7-5447-2980-2
定　　价　39.00元

译林版图书若有印装错误可向出版社调换。质量热线：025-83658316

序 言

徐友渔

英国剑桥大学教授爱德华·克雷格所著《哲学的思与惑》(原名为《哲学:非常简明导论》)作为通识读本中的哲学卷,是很合适的。这是一本为普通人写的哲学入门书,首先说的是哲学就在我们身边,或者更准确地说,任何人都有自己的哲学。作者以这种方式来打破人们对于哲学的神秘感、隔膜感和距离感,吸引人们愿意花费时间来阅读哲学著作、了解哲学史、思考哲学问题。

哲学是浩瀚无边的海洋,作者不可能在一本小书中详细、深入地对哲学加以解说,他打算做的事情类似于一个导游带领初到伦敦的旅游者参观。他无法展示整个伦敦,只能把人带入其中的一小部分,仔细观看几个主要的旅游景点,然后告诉一些其他信息,让旅游者可以自己带着地图去探索和发现。

在导论之后,本书以柏拉图的《格黎东篇》来说明"我应该做什么"的问题,以休谟的《论奇迹》说明"我们如何知道"的问题,以《弥兰陀王问经》说明"我是什么"的问题,这分别对应于通常哲学教科书中的伦理学、认识论和自我的问题,看得出来,作者是力图以浅显和感性的语言来解说哲学的基本问题,但完全不是我们熟悉的哲学教科书那种机械、固定的方式,也尽量少用专业哲学术语。作者既要把哲学的根本精神传达给读者，又要避免哲学中晦涩难懂的概念和术语，这种苦心是很可敬佩的，也收到了效果。

作者还在相当有限的篇幅内言简意赅地介绍和讨论了哲学中的一些基本的、对立的立场和流派，比如唯物主义和唯心主义，等等；哲学中一些主要的问题，比如伦理学中的后果主义，什么是正直，等等；哲学中一些重要的人物和著作，例如笛卡尔的《方法论》、尼采的《论道德的谱系》，等等。最后还介绍了几种重要的哲学流派，其中有些是中国读者不熟悉，也无法从通常的教科书中了解到的，比如新近发展起来的以女性为主题的哲学、以动物为主题的哲学，等等。这些，对于读者通过简短的阅读收到把握哲学全貌的效果，是大有帮助的。

哲学是一个头绪多、面相广的学科，本书作者的观察视角，他对诸多问题关注和重视的优先顺序与我们的习惯有较大差异，比方他关注的重要主题有“政治权威”、“证据和理性”，中国的读者可能感觉不到这么安排的必要性与好处，但是我要说，虽然各种不同方式的侧重都有道理，但本书的安排比我们习惯的做法更切合哲学的本意。中国人传统的思维方式独断论色彩较浓，很少有人想到政治权力的合法性是需要论证的，信仰或意识形态的合理性或可靠性需要证据来支持，可以作为理性的、批判性思维的对象。

当然，细读之后也可以感觉到，作者的哲学观不可避免地受到了英国传统的影响，这里所谓的英国传统，即是对认识论的格外重视，以及难于摆脱的怀疑主义倾向。基于此，本书的论述花在休谟和笛卡尔上面的工夫比较多，虽然论述黑格尔也花了应有的篇幅，但并不是如我们习惯的那样，把黑格尔哲学视为近代西方哲学的顶峰，谈到黑格尔总是免不了带上崇拜和礼赞的口气。对于英国哲学家来说，遇到随便什么问题总是要问：“证据何在？”“有什么理由这么主张？”他们总是把可靠性、可信度放在第一位，把建立庞大、堂皇的思想体系放在不那么重要的地位。

中国近代的大学问家王国维曾经感慨地说过，当他遍览西方典籍之后，感到极大的不满足，西方思想分为两种，可爱的不可信，可信的不可爱。英国哲学思想的传统是强调、追求可信而漠视可爱，中国人由于其天性重可爱而轻可信，对于英国传统总是感到隔膜，而在我看来，这恰恰是需要改进的地方，至少，我们不应该永远固守和耽溺于自己的习惯与偏好，对于诞生近代科学文明、工业文明、宪政文明国度的思想底蕴拒绝理解与探索。

在上世纪 50、60 和 70 年代，哲学在中国过分膨胀、泛滥，处于“王官之学”的地位，但哲学的这种崇高地位是虚假的，它实际上是政治的婢女，它被用来证明任何需要证明的东西。从 90 年代起，哲学的地位一落千丈，实用和实利成为社会的基调。但是，我们毕竟是具有伟大文明传统的民族，我们需要深刻的思想，因此需要哲学，需要众多的哲学爱好者和阅读者，当社会心理的钟摆从一个极端摆到另一个极端时，往回摆的时机就要到来。当然，我们希望在吸取了足够的经验教训之后，在新的社会条件下，哲学能处于一个应有的、恰当的位置。这就需要我们了解真正的哲学，它既不是喧嚣、跋扈的，也不是卑微可笑的，它没有资格凌驾于知识之上，它只是求知的向导。

目录

第一章

哲学之简介

读此书之人都或多或少已经算得上是哲学家。几乎人人都算得上是，因为在生活中每个人都遵循这样或那样的价值观（或者愿意认为自己遵循一定的价值观，或者因为没有明确的价值观而感到不安）。大部分人都对世界持有某种整体认识。也许有人认为是神创造了一切，包括人类自身；或者大相径庭，也许有人认为这只是偶然之事，自然之选择。也许有人相信人类拥有被称为灵魂或精神的不朽的非物质部分；或者恰好相反，有人认为人类不过是物质的复杂组合，一旦死去就会逐渐消散。我们应该做什么？存在着什么？其实大部分人，甚至那些完全**不考虑这些事情**的人，对这两个基本哲学问题都有自己的见解，即使这些见解还不能称之为答案。当我们意识到上述任何一个问题时，就会引发第三个问题：我们如何知道？如果我们不知道，如何着手去寻找答案——借助眼睛，通过思考，请示神谕，还是咨询科学家？对这第三个问题，我们心中同样也有一个类似答案的东西。哲学被看作是一门可供研究的学科，有些人可能对其一无所知，有些人可能对其更为了解，还有些人甚至精通哲学。然而哲学不过是对上述某些问题以及问题间的相互关系思考得更深刻些罢了，它会探究以往对这些问题和问题间的相互关系都有哪些看法以及为什么会出现这样的看法。

实际上，哲学无处不在，即便你有意躲避它也存在。假设有人反对哲学，说“哲学无用”，那么情形如何？第一，他们显然是以某个价值体系为参照。第二，当他们阐述哲学无用的理由时，不管他们的阐释多么简短，不管他们的态度多么固执，他们都会谈到某些类型的思想的无用性，或谈到人类在遇到某些类型的问题时无能为力。因此他们并非是在否定哲学，相反，必须承认，他们成了哲学**内部**的另一种声音——怀疑的声音。从古至今，哲学内部从不缺乏怀疑之声。我们将在第六章谈到相关的问题。

如果这些反对者表现出第二种情形（即认为某些思想无用，人类无法解决某些问题），他们也许还暗示了一点：发现人类就是无法解决某些问题，并且**独自完成**这一发现——切实去**发现些什么**，而不是什么也不做就自以为已经知道了答案——并不是一种宝贵的经历，或者说是一种无效的经历。这种说法确实不正确么？如果我们都确信人类的能力不足以回答任何关于神的本质、甚至神的存在的问题，换言之，如果人类都是宗教不可知论者，想象一下，世界会有怎样的改变？如果我们都确信自己无法回答是什么使得国家一贯以来施加于国民身上的政治权威合法化，换言之，如果没人相信有足够的理由来回应无政府主义者的主张，想象一下，世界会有怎样的改变？这些改变是好是坏，或者事实上不如你一开始认为的那样重要，这些很可能尚无定论，但是有一点毋庸置疑：世界会发生改变，而且是巨大的改变。不可否认的是，思维方式的不同会改变人们心目中事物的形象，而多数人的思维方式则会改变几乎所有人心目中事物的形象。除了认为哲学无用之外，另一种反对意见更有道理，反对理由与前者恰恰相反：它认为哲学**太危险**。（见第105—111[①]页。尼采称哲学家为“可怕的炸药，其本身毫无安全可言”，当然尼采说这句话并非为了反对哲学。）但是这句话往往意味着**除了说话者自己的哲学之外**，其他哲学都是危险的，意味着对事物发生变化后可能造成的后果感到恐惧。

到此时，你可能会想，也许有些人认为这样的讨论不管多么简短都不值得进行，这些人甚至不同意我刚刚提到的怀疑的立场。你说得也许没错，但是这并不意味着这些人没有自己的哲学。相反，这可能意味着他们不打算“哲学化”，即不打算表明自己的观点，也不打算为自己的观点辩护或作详细的阐述。这也不意味着他们缺乏一直遵循的价值观，还是有些东西在他们看来是有价值的。譬如，他们也许认为与再多的理论知识相比，更需要的还是**做**某件事的真正技能。他们的理想与其说是看清事实的本质，不如说是在采取某种特别行动时获得与之合为一体的能力，训练自己不刻意努力、似乎只是凭借过人的本能就能做成某件事的能力。许多禅宗思想，或者应该说是禅宗的做法，就在很大程度上趋向于此。这种达到某种无思境界的理想其实源自以往大量的思考。

既然哲学就在我们身边，为什么有这么多人认为它艰深难懂，神秘古怪？这些人的看法并不全错，一些哲学思想**的确**深奥神秘，最优秀的哲学思想中有许多一开始看起来都**似乎**如此。原因在于这些思想并不仅仅意味着发现一些新事实，为我们已有的信息库提供新资源；也不仅仅在于总结出几条新箴

---

① 为方便读者查阅，此处已将原文标注的英文页码替换为相应的中译文页码。以下类似情形不再一一说明。——编注

言，在我们人生信条的清单中又增加一些该做和不该做的事项。它们反映了世界的全貌，并/或体现了一套完整的价值体系。除非你自己已同意这些思想(要记住，从模糊、潜意识的角度来说每个人身上都有这些思想)，不然它们肯定会让你觉得古怪。反过来，如果你不觉得它古怪，那你还没有真正理解它。优秀的哲学思想会开拓一个人的想象。有的哲学离我们很近，不管对什么人都是如此。当然有的离我们要远些，有的就更远，另一些则非常陌生。若非如此就让人失望了，因为如果所有的哲学与人的距离都一致的话，这就意味着人类的智力水平没有高下之分。然而没有必要从深刻的一端开始，我们就从肤浅的一端开始，因为(正如我已说过的)我们都已经站在水中。不过要记住一点(正如进行类推时常会碰到的，此处以游泳池作类推让我陷入困境)，这并不一定意味着我们都站在同一个地方：哪些是肤浅熟悉的，哪些是深刻陌生的，可能取决于入水的位置和入水的时间。

我们也许已站在水中，但为什么要尝试游泳呢？换句话说，哲学是为了什么？哲学思想如此丰富，其形成背景如此广阔，因此无法为这个问题提供一个放之皆准的答案。不过有一点可以肯定：许多哲学思想是为了提供一种救赎的方式(从广义的角度来理解)，尽管我们对什么是救赎、从哪里获得救赎这类问题的回答都不一样。其实有多少种哲学思想，就会有多少种答案。佛教徒会告诉你哲学的目的是救人脱离苦海，获得觉悟。印度教徒的说法也差不多，但可能使用的术语不太一样。两种宗教都会讲到躲避所谓的死亡和重生的轮回，在这种轮回中业报决定一个人来世的形态。享乐主义者(如果在当今能找到的话)则对重生之类的说法不屑一顾，但是他们会提供秘诀让你在此生，亦即人唯一的一生中，尽量多享乐少吃苦。

当然不是所有的哲学都因了解生和死的种种方法的需求而起，但是凡能传世的哲学大部分都起因于某种迫切的需求或深刻的信念：纯粹为了真理和智慧而追求真理和智慧也许是个不错的主意，但历史证明好主意只是一个主意而已。比如印度古典哲学就是印度教内部不同分支之间，以及作为整体的印度教和佛教之间为取得知识上的统治权而进行的战争。在不少文化形态中，人们为了在人类的理智和经文的启示之间达到一种大家满意的平衡而战，有些战斗现在还在继续。托马斯·霍布斯[1]利用其著名的政治理论（后面我将进一步探讨这个理论）尽力教人们接受英国内战带来的教训，他觉得这十分有必要；笛卡尔和同时代许多哲学家都希望发源于近二千年前亚里士多德思想的中世纪观点让位给现代的科学观念；康德在面对独裁专制统治时，寻求提高个体的自主意识；马克思尽力将工人阶级从贫穷和劳苦中解放出来；各个时代的女权主义者为提高女性地位而战斗。所有这些人加入争论并不仅仅是为了解开几个微不足道的谜（当然他们在此过程中有时候确实要解开一些微小的谜），而是为了改变文明的进程。

到这里，读者可能会注意到我没有作任何努力为哲学下定义。我前文所说的不过暗示一点：哲学是一个涵盖极广的词，涉及很大范围内的智力活动。有人认为给哲学下定义毫无用处。我同意这种说法。大部分对哲学的定义给我的感觉都是范

① 托马斯·霍布斯（1588—1679），英国政治哲学家，机械唯物论者。著述包括哲学三部曲《论物体》（1655）、《论人》（1658）、《论公民》（1642），《法律、自然和政治的原理》，以及代表作《利维坦》（1651）等。——本书注释除特别注明外，均由译者添加。

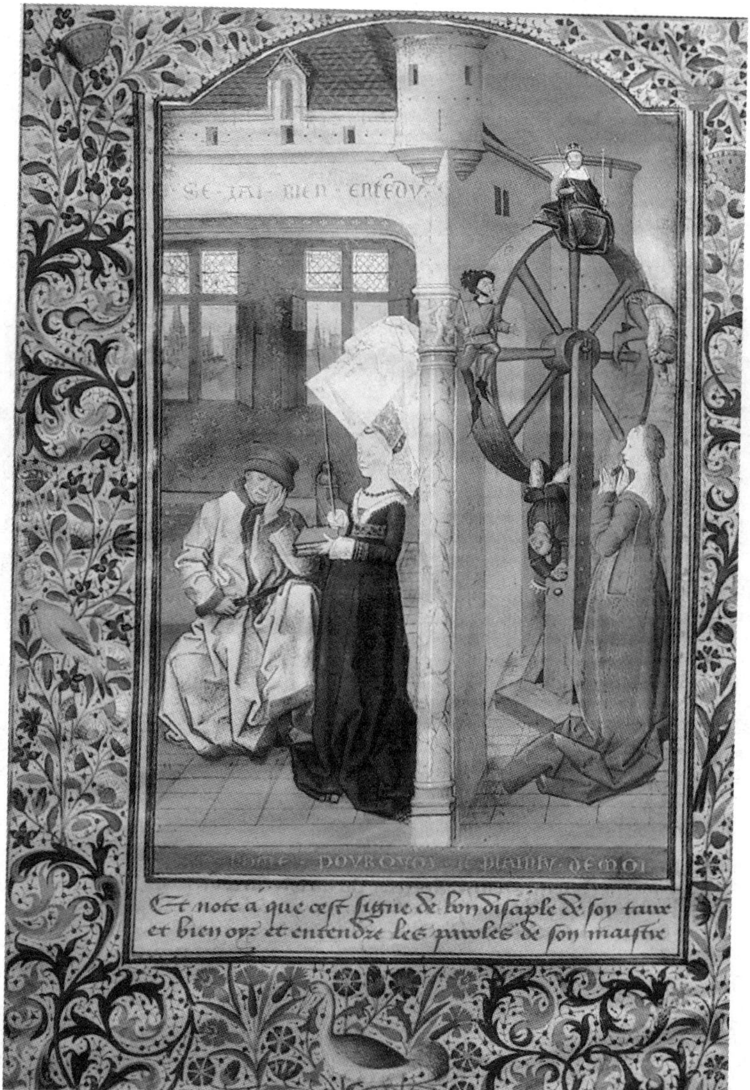

图 1 在这幅文艺复兴时期的油画中，波伊提乌（约 480—525）在聆听哲学夫人的教诲。《哲学的慰藉》是波伊提乌最著名的作品。在等待被处决时，慰藉是他所需要的。不过除了给人带来慰藉之外，哲学还有很多其他用途。

围过窄，就其作用而言，都不仅不能有所帮助，而且还会有害。不过我至少会试着谈一谈什么是哲学。当然我所说的被看作是对哲学的定义也好，被认为不是定义也罢，都不是需要太过在意、实际上也不应该太过在意的事。

很久很久以前，我们人类的祖先还是动物，想做什么就做什么，不会意识到自己正在做某件事：实际上，他们根本就没有意识到**自己**正在做事情。后来，不知怎地，他们获得了探究事情发生的**缘由**的能力（而不是仅仅记录所做的事），开始审视自己和自己的行为。这初看起来可能是很大的进步，但实际并非如此。开始探究事情发生的原因首先只表示对自己行为的各个方面多了一些自觉意识而已。一只正在猎食的动物会循着气味追踪，似乎知道猎物刚从这条路经过，所以气味就留在这里——这一点也的确是气味之所以留下的原因；正因为如此，它的捕食行动往往能成功。这种因果联系的知识非常有用，它能告诉我们接下来会发生什么。而且，知道因为乙发生了所以甲就会发生，能加强你对事情的控制：有时，你也许能促成乙的发生，也能阻止乙的发生。如果你希望甲发生，或者希望避免甲发生，那么你拥有的控制乙的能力就非常有用。这样的因果关系有许多是包括人类在内的动物自然而然地、无意识地遵循的。一旦你认识到上述做法非常有用，就可以将其推而广之，而且会很有效。如果有些问题无法轻松地找到现成答案，你就可以有意识地提出类似上述的因果联系的问题。

不过，并不能保证这种在一般情况下都很有用的做法总是能奏效，更不用说总是能快速奏效了。寻找水果从枝上脱落的缘由会很快引导人去摇晃果树。但是，探究为什么会下雨，或者为什么不下雨，就会把我们带入不同的层次，尤其是当我们寻求答案的真实动机是想知道我们是否能影响降雨的时候。往往，我们能影响事件的发生。当事情（比如狩猎行动）的发展出错时，不管是由于我们自己所做不够导致，还是与之相反由非人力能控制的因素所致，培养探究问题的习惯很可能都有好处。不过这种习惯虽然有用，也会让人产生这样的想法：干旱在某种程度上是由于我们自己的失败所致——那么，这是哪方面的失败？我们做错了什么？于是就会出现这样的想法，这种想法在我们幼儿时期是很有用的：自己不会做的事有父母亲帮忙，当然必须是在我们听话、父母亲心情好的时候。是否存在某种生命体决定降雨与否？我们难道不应该努力站在这些生命体正确的一边？

探究事情发生的缘由也是人类开始探索自然、相信超自然体的存在时要做的。随着我们祖先智力水平的提高，他们发现自己的力量也在增加。同时他们也发现自己面临着众多选择和神秘之事——生活提出了一系列问题，而以往他们只是顺其自然地生活，从不质疑。幸好一切都是逐渐发生的，但是尽管如此，这一切仍然是我们的祖先有史以来遭遇的最大冲击。有些人更多地从生物学而非智力的角度进行思考，可能会说这就是为什么人成其为人的原因。

试着把哲学看作人类努力摆脱上述危机的声音。试着认为哲学能保护你免受一些常见的错误理解的影响。其中一个误解认为哲学是一种范围很小的研究行为，只在大学进行，或者只在某些时代或某些文化中进行（这种观点则不那么荒谬）。另一种误解与第一个相关，认为哲学是一种智力游戏，不能回应深层次的需求。这种看法的积极意义是它会使你认为在哲学发展史中很可能包含一些有趣的片段。事实上，哲学发展史中的确出现过一些有趣的片段。如果我们将前面那个关于事实情况的观点牢记在心，这一点当然会让我们更加兴奋。蹒跚行走的**智人**是否能够通过思考就回到直立行走的时代？不管答案是肯定还是否定，我们都没有充分的理由来回答这个问题。我们甚至能肯定自己知道直立行走始于何时吗？不管你喜欢与否，这就是我们深陷其中的、不知前方是何处的历险。

但是，如果这样的话，哲学包含的范围是不是太广了？哲学当然并不包括前面对它的描述中所暗含的一切。首先，如果我们犯错误，那么这种错误在广义的层面上带来的危害比狭义层面上的要小。其次，"哲学"一词涵盖的范围在不同历史时期就有很大差别，更不用说可能根本不存在这样一个时期，在这期间人们对哲学的理解完全一致。近来关于哲学有些奇怪的事发生。一方面，哲学的范围变得太广，以至于趋向无意义。几乎每个商业机构都自称拥有自己的哲学——实际上就是通常所指的企业政策。另一方面，哲学的范围又变得过窄——造成这种现象的主要原因是自然科学的发展。通常出现这样的情况：一旦对某个领域的研究开始站稳脚跟，成为一个独立的学科，拥有统一的研究方法和共同的知识体系，它很快就会从当时人们所知道的哲学体系中脱离出来，开始自行其道，比如物理、化学、天文学和心理学。因此，那些认为自己是哲学家的人所思考的问题开始减少，而且哲学也往往只能被用来研究那些我们不知道如何表达才合适的问题，展开那些我们无从着手的探究活动。

不同学科的繁荣发展，学科数量的大幅增加，这些不可避免地引发了另一个因素，即大学里的学科划分更加细致，从而使人们易于认为哲学的研究范围变得更窄了。大学里的哲学系大部分都很小，因此精通的领域也很窄，往往集中于当时流行（有时也是局部）的学术范式——它们必须精通这些范式，因为是它们提出了这些范式。此外，由于显而易见的原因，本科生的课时很短，因此只能有所选择，结果是总体上流于肤浅。因此，对于一种自然而然的设想——哲学即是大学哲学系教授的课程，虽然我肯定不会说它是错误的，但是这种说法过于狭隘，会引起误导，应该避免。

本书定名为对哲学的简短引论[①]。但是，正如我想现在已变得越来越清楚的，我无法真正将你**引入**哲学之门，因为你已经身处其中。我也无法真正将你引入**哲学**的王国，因为哲学实在是浩瀚无边，就像我无法"向你展示整个伦敦"一样。我可以向你展示伦敦的一小部分，也许提到几个主要的旅游景点，然后就告诉你其他一些导游信息，让你带着地图自己去探索发现。这也正是我在本书中关于哲学打算做的事。

本章开头，我曾提到三个哲学问题，尽管可能称它们为三种类型或层次的问题更合适。第二章至第四章将通过几部古典哲学著作分别举例说明这三种类型的问题。第一部作品中使用的思维方式大家非常熟悉，而第三部讨论的问题对大部分读者来说都要陌生得多；从熟悉到陌生，这三章同时也阐述（尽管并不充分）了这本简介的另一个主题：哲学领域可能会遇到的新内容。另外，我前面谈到了很难避免哲学性过强，似乎都有些唠叨了。如果的确很难避免，我们就可以期待不管我们看什么，都能或多或少发现某种类型的哲学思想。似乎为了证实这一点，我们给出的第一个例子来自公元前 4 世纪的古希腊，第二个例

① 这里指英文原书名的字面意思。——编注

了来自18世纪的苏格兰，而第二个例子则来自古印度，由佚名佛教徒大概在公元前100年与公元100年间某段无法确定的时期写成。

这三部作品应该都很容易找到，尤其是前两本（参见参考书目）。不读这三部作品也能很好地理解本书，但是如果可能的话，最好还是在读本书之外，同时亲身阅读这三部作品。你将会喜欢其写作风格。大部分哲学作品都写得很好，因此我强烈建议大家在欣赏其中的观点和辩论的同时，也要欣赏作品的风格。不过主要原因还在于：如果你愿意的话，这样做会让你**融入**其中。要记住，哲学并不是一个完全陌生的领域：从某种意义上来说，你已经是一个哲学家，你自身正常的智力本来就拥有工作许可——你并不需要经过任何深奥的训练来得到许可进行思考。因此，在阅读过程中不要害怕，要进行质疑并总结出暂时的结论。不过要注意，是**暂时**的结论！不管你做什么，千万不要沉迷于那句最懒惰、最洋洋自得的俗语："每个人都有权利拥有自己的观点。"获取权利不是那么简单的事。相反，要牢记乔治·贝克莱（1685—1753）那句挖苦的话："很少有人思考，但是所有的人都有自己的观点。"如果真是这样，那就是个悲哀；因为，思考是快乐的一部分。

最后，请大家慢慢阅读。这本书很短，但所谈的却是一个历史悠久的话题。我想尽办法在书中塞进了大量的内容。

第二章

我应该做什么？

柏拉图的《格黎东篇》

柏拉图(约前 427—前 347)并非古希腊文明史中第一位重要哲学家,但是他是第一位有大量完整作品传世的古希腊哲学家。印度哲学典籍《吠陀经》和大部分《奥义书》的出现都早于柏拉图的作品,但是它们的作者是谁,它们是如何写成的,这些我们几乎一无所知。佛陀生活的年代早于柏拉图,但是究竟早多久学术界尚无定论;幸存的有关佛陀生平和思想的最早记述都是在佛陀死后几百年才出现的。中国的孔子也先于柏拉图(生于柏拉图之前一个世纪的中期)。同样,据我们所知,孔子也并无著述。那本著名的《论语》也是编于孔子死后。

柏拉图的所有作品都以对话形式出现,其中大部分妙语连珠,风格口语化。当然有时主人公也会作长篇大论。这些作品中有二十几种经确认为柏拉图所写，还有更多的一些不能确定。在已被确认的作品中,有两种的篇幅要比其他的长得多,更适合被看作是由一系列对话组成。(这两本书分别是《理想国》和《法律篇》。两书谈论的中心话题都是对理想的政治体制的追求。)柏拉图可读的书很多,而且大部分都很容易买到,译后版本价格也比较便宜。至于这些作品的难度就各不一样了。有些作品与我们下文即将细述的一本差不多,而另一些如《智者篇》

这样的，即使是那些博览群书的人看了也会时不时大伤脑筋，心中茫然。

柏拉图的对话作品有一个显著特征，即几乎所有对话中都出现了苏格拉底，虽然苏格拉底并不总是谈话的中心人物。在名为《格黎东篇》[①]的对话中，苏格拉底不仅参与了讨论，而且讨论的是关于当他发现自己遭遇困境时应该怎么做的问题。因此，我们需要了解一下苏格拉底其人以及他如何遭遇对话开始时说到的困境，即身陷雅典监狱，等待即将到来的处决。

苏格拉底生于公元前 469 年，卒于公元前 399 年。毫无疑问他魅力无穷，生活方式则有些古怪。给人的印象是只要有人愿意加入，他便整日与人进行辩论，不取报酬，因为他安于因此而带来的贫穷。他的辩论伙伴包括许多比较富有、因此也比较空闲的雅典年轻人，其中就有柏拉图。柏拉图对苏格拉底的仰慕促进了前者哲学事业的发展，并激发他创作了大量作品。这些作品使苏格拉底和柏拉图两人同样名垂千古。

我们了解苏格拉底的思想并非全部根据柏拉图的作品，但是到目前为止绝大部分都是的，因此要明确区分两人的观点并非易事。不用怀疑，柏拉图有时努力将苏格拉底作为一个历史人物进行刻画，有时则将苏格拉底这个人物形象作为一种语言手段来表述自己的哲学观点，但是这两者之间并不总是有清晰的界线。学者们如今似乎大体上达成共识，认为苏格拉底真正关注的是关于公正和美德的伦理问题（“我应该怎样生活”有时被称为“苏格拉底问题”），并且苏格拉底经常探究他的雅典同胞们是否真正理解这其中涉及的问题，他们对这些问题的理解

① 原文为Crito。本文采用由王太庆翻译、商务印书馆2004年版的《柏拉图对话集》中所用译名“格黎东”，希腊文为Kriton。

是否如同他们自己声称的那样深。他自己对这些问题也并不总是完全理解的——不过每当这时，苏格拉底便不会声称自己理解。

这样做似乎很容易为自己树敌。因此上述关于苏格拉底种种活动的描述与后面发生的事情完全不冲突：三个雅典公民以毒害雅典年轻人为由起诉苏格拉底。如果把公众对苏格拉底的敌意比作一座冰山，那么这三个雅典公民就是冰山的顶端。苏格拉底被以微弱多数判为有罪[①]，并被处以死刑。在《苏格拉底的申辩》中柏拉图就记录了苏格拉底在审判过程中所作的演说（尽管题目直译应该是“苏格拉底的道歉”，但苏格拉底的言辞丝毫没有抱歉之意），为自己申辩时、法官裁决后以及最终宣判后各一篇。

苏格拉底并非是在审判后被立即执行死刑的。审判进行时一个祭祀庆典正好开始，只有当城邦国家派往得洛斯岛的一艘船返回雅典后，庆典才能结束。这个庆典具有重要的宗教意义，在船未返回之前不得执行死刑。因此在这段时间，苏格拉底必须待在监狱。在这段时间里，他的朋友们刚好有足够的时间定期来探望他，结识狱卒，并酝酿一个行动计划。随着船返航时间的临近，把行动计划告诉苏格拉底的任务就落在了格黎东身上：他们打算贿赂狱卒，这样苏格拉底就可以逃离雅典到别处去，比如去特答利亚[②]。格黎东在那儿有朋友，将会接待苏格拉

① 雅典法律规定，案件由全体法官投票，按多数票决定被告是否有罪。苏格拉底申辩后，法官投票表决，以281:220票判决有罪。（引自王太庆，2004:48,51）

② 原文为Thessaly，此处译成“特答利亚”也是根据王太庆的译文，通常依英文发音译成“贴撒利”。

图 2 并非所有人都像柏拉图一样为苏格拉底所折服。在与苏格拉底同时代的喜剧家阿里斯托芬的《云》中，苏格拉底是以一个整天躺在篮子里摇晃（以便处于一个更好的位置来研究天体现象）、自视甚高的怪人形象出现的。

底，并为他提供庇护。

在《格黎东篇》中柏拉图记录了格黎东与苏格拉底的辩论以及苏格拉底的回应。尽管这则对话写于二千四百年前，但出人意料的是它读起来并不那么令人吃惊。你也许不同意苏格拉底的全部观点——比如许多读者会认为苏格拉底夸大了国家对个人的要求，但是事实上他提出的所有观点，对任何一个曾经面对艰难抉择的人来说都不陌生。柏拉图谈到爱，我们就知道他谈论的角度与我们不同；读柏拉图的宇宙论，我们就如同回到了完全不同于今的时代；但是对话中对“在这种情况下我应该做什么”这个具体伦理问题的讨论似乎就发生在昨天。在第一章，我提到我们每个人都或多或少是个哲学家，因此有的哲学离我们很近。下文我就举一个源自古希腊的例子。

开始前先说句题外话。不管你使用哪个版本、哪种语言的译本，柏拉图作品的每个部分都有专门的标注方法①。这种标注方法最早源自1578年文艺复兴时期一个版本中使用的分页方法，被称为斯特凡努斯标注法（斯特凡努斯是其编辑亨利·埃蒂安纳的拉丁名字）。现代印刷的任何版本中也都使用这种标注法，或是标在空白处，或是标在每页上方。本章我就将一直使用这种标注法。

第一页前后（43a—44b）说明了事情发生的背景。格黎东说他已打通看守这方面的关节。苏格拉底回答说到他这个年纪就不应该因为自己要死而抱怨太多。然后格黎东的劝说便开始了。他首先如一般人都会做的那样，告诉苏格拉底朋友们非常珍惜他，然后暗示苏格拉底应该会在意回报朋友们的深情：朋

① 柏拉图的每部作品都被分成几个部分，各部分用数字1、2、3……标注。每个部分又分成几个小节，用字母a、b、c……标注。

友们的名誉将会岌岌可危，因为如果他坚持待在监狱并被处死，人们会认为朋友们不愿花钱买回他的自由，让他逃亡。

随后格黎东又急急忙忙提出大量迥异的观点(这些观点都没有充分展开。《格黎东篇》的语言组织得并不严谨，反而更像平常的聊天)。苏格拉底回答说一个人不应该关心“众人”怎么想，应该在意的是那些洞晓事实的理智之人是怎么想的。“像你说的那样，我们承受不起，”格黎东说，“众口铄金啊!”“相反，”苏格拉底说，“就真正重要的是什么这一点而言，多数人的意见根本没有什么影响力可言。”很明显，真正关键的问题是人是睿智的还是愚蠢的(44d)。

我怀疑许多读者读到这个观点会吃惊。苏格拉底所谓的智慧是什么？智慧应该是唯一真正重要的事吗？我们应该一直记着这个问题，时刻注意后面的对话中任何有助于我们理解这个问题的部分。不过格黎东却忽略了这个问题，又回到先前的话题，重新谈起苏格拉底的做法会给朋友们带来的后果。苏格拉底是不是认为如果自己逃跑了，他的朋友就会有被报复的危险？是的，苏格拉底好像是这么认为(在 53a/b 中，苏格拉底又强调了可能会给朋友带来危险的问题)。这肯定在很大程度上消解了格黎东论点的说服力：如果**做**某事与**不**做某事一样，给朋友带来的后果很可能都不好，那么再利用如果不做某事就会给朋友带来不好的后果来说服苏格拉底就没有什么意义了。

可以理解，此时格黎东又担忧又心焦，说话的篇幅开始变长(45a—46a)。他情绪激动，语无伦次，将自己所有剩余的弹药都发射了出来。苏格拉底不应该考虑是否会给朋友带来风险，也不应该考虑费用问题——无论怎样，费用都不会那么高。他也不应该担心逃离雅典、在他国流亡就意味着回到了他在被审判时所说的情形之中[1]。(在 46b—46d 和 52c 中,我们很快会发现这根本无法说服苏格拉底。对于苏格拉底来说,始终如一、忠于自己并忠于自己所作所为的理由是非常重要的品德。)

格黎东接着又说,苏格拉底本可挽救自己的生命却选择放弃,这样做是错误的,这样做恰恰满足了敌人的意愿。不过格黎东没有告诉我们他认为苏格拉底错误**仅仅是因为**这样做就意味着敌人胜利了,还是因为这样做本身就是错的——如同有些人认为自杀这种行为本身就是错的一样,又或是因为其他原因。格黎东心中所持的是哪个原因实际上决定了他这句话的含义,不过他当时的思路肯定并不严密。到这时,格黎东变得极度激动。他先是指责苏格拉底不关心自己的孩子,后来又说苏格拉底是个懦夫(45d)。(与苏格拉底真正要做的事所需要的勇气相比,格黎东对苏格拉底的第二个指责显得尤其荒谬;而关于孩子的事,苏格拉底在后面将会谈到。)精疲力竭之后,格黎东又开始抱怨苏格拉底的做法将损害朋友们的名誉。他乞求苏格拉底同意自己的观点,然后就打住话头。

因为痛苦和担心,格黎东的最后几段话很是无礼。苏格拉底对此并未在意。他和善地说到了格黎东对自己的好意,并且控制了对话的发展。对话的行文思路马上就平缓下来,观点组织也更加严谨。他回应格黎东刚才说的第一点,即关于荣誉的问题。他问我们应该尊重谁的意见,睿智之人还是愚笨之人,大多数人还是少数内行人?格黎东很快顺着苏格拉底的思路给出了明确的答案。当苏格拉底全神贯注投入辩论之时,他的对手往往就会像格黎东那样。因此,在这里我们不应该听从大多数

① 苏格拉底在审判的时候曾说过“流亡则不知何以自处”。(王太庆,2004:59)

人的意见，而应该听从那些懂得什么是公正、如何正确行事、如何幸福生活或是以应该的方式生活的人的意见。否则我们的灵魂会受到伤害，正如在涉及健康问题时，不听从医生而听从大多数人，我们的身体就会受到损害。关键问题是苏格拉底试图逃跑是否正确，所有关于钱、名誉以及抚养孩子这档子事都并不是真正重要的（48c）。

让我们暂停片刻。读哲学之一忌是对其完全接受。难道苏格拉底刚才的话中不带一丝道德狂热的痕迹？他的灵魂具体会受到怎样的伤害？为什么灵魂受伤会让人觉得如此可怕？如果朋友的荣誉将受到损害，如果将无法亲自抚育孩子成人，难道苏格拉底会不愿意冒点风险，让自己的灵魂稍稍受些伤害？毕竟，苏格拉底看不起那些不愿为朋友和家庭而甘受肉体伤害的人。不可否认，我们已被告知（47e—48a），灵魂，确切地说，"我们自身的那个部分，不管叫什么，总之是关于公正和不公正的那个部分"，比身体宝贵。不过没人告诉我们灵魂为什么或者以何种方式比身体宝贵，也没有任何解释来说明为什么灵魂会**如此**重要以至于一旦灵魂可能受到伤害，诸如朋友的名誉或孩子的幸福等小事可以马上不顾？另外，如果孩子没有得到很好的照顾，"**他们**自身的那个部分，不管它叫什么，总之是关于公正和不公正的那个部分"会不会受到伤害呢？看起来苏格拉底需要一个新的辩论伙伴，一个可能已经开始寻求其中一些问题的答案的伙伴。

不过既然苏格拉底认为逃跑是错误的，还是让我们听苏格拉底说完，对整体情况有一个全面了解。首先他请求格黎东同意一点：不公正地对待他人是错误的，即使是以不公正报不公正（49a—49e）。复仇也许让人觉得痛快但却是不允许的。提出这点，在策略上的重要意义是显而易见的：如果这一点被接受，那么是否有人不公正地对待苏格拉底——无论是国家、陪审团成员，还是提出诉讼的人——将变得无关紧要，唯一重要的是苏格拉底本人是否会按照格黎东的计划行动而做错事。显然苏格拉底并不期望这个观点得到普遍赞同。许多人认为复仇是可以的，甚至是绝对正确的，这点他再清楚不过。但是他要说服的人是格黎东，很明显两人曾在这里讨论过这个问题，因为苏格拉底称这个观点是"我们原来的观点"，而格黎东也表示同意："我依然支持这个观点。"

苏格拉底接下来提出两个争议较少的前提：损害他人利益是不对的（49c）；撕毁一个公平的协议也是错误的（49e）。他是打算说明如果自己逃跑的话，就是同时做了上述两件错事。受到伤害的将是雅典城邦及其法律。他想象国家和法律化形成人，上前来提出他们的理由。

首先，苏格拉底会损害国家和法律的利益（50a—50b），实际上他是在"试图毁灭两者"。这听起来似乎很奇怪——苏格拉底唯一打算做的事确实是躲避死刑吗？不过看了下一句话我们就明白苏格拉底的意思了：如果人们以苏格拉底打算做的事为榜样，导致的结果就将是法律体系的崩溃和国家的灭亡，因为如果个人无视法庭的裁决，国家和法律都无法存在。这里我们看到的是一个人们非常熟悉的有关道德的论点："如果人人如此将会发生什么？"自己做某事就如同允许其他任何人都这么做，所以我必须考虑**这种情形**的后果，而不仅仅是考虑我个人行为的后果。德国哲学家伊曼努尔·康德（1724—1804）被一些人认为是现代最具影响力的哲学家。他也把这一点看作最基本的道德准则（尽管他的表述更加复杂）。我们都曾听说过这一点，也有人跟我们谈过这一点，但是出乎意料的是它在公元前400年就出现了。

第二，50c中的对话暗示苏格拉底将会撕毁一个协议。但是从50c到51d表明，从任何正常的意义来看，法律和国家要说的似乎完全不是关于一个**协议**的——在苏格拉底这一方，如果他自愿同意某件事，那就没什么可说的了。将苏格拉底的做法看作是表达感激之情的义务，或是被创造者对创造者应有的尊敬，或两者都是，这样可能更合适。这段话的主旨是雅典城邦国家如同父母，使苏格拉底成为苏格拉底，至于国家是如何造就他的，苏格拉底对此没有任何不满。苏格拉底于是受到意愿的约束，假设他拥有对城邦进行报复的权利更是荒谬无比。

最后一点实际上是多余的，因为苏格拉底已经说过报复无论如何都是错误的。但是从对话中可以看出，关于其自身情形苏格拉底谈到了两次：即使如同许多人认为的那样，报复有时是正确的，在现在这种情况下也另当别论，因为报复的对象是如同父母的国家。至于苏格拉底受到国家意愿约束的问题，这一段与其说证明不如说是规定了这种国家权力的极权概念以及与之相应的父辈应该拥有权威之观点的合理性。这并不让人觉得奇怪，因为要证明下列说法的合理性并非易事：国家因其在个人生活中所起的作用而有权支配个人，如同个人是为国家目的而制造的没有生命的工艺品。国家也许能为公民做许多事情，但是你能想象国家所做的事多到公民除了国家允许的事之外没有权利做其他任何事情吗？一旦我们承认苏格拉底可被允许在独立于雅典城邦之意愿的情况下做一些满足他自己目的的事，那么活下来（如果这就是苏格拉底想要的）难道不是其中之一？格黎东如果不是个十足唯唯诺诺的人，在这个阶段他就会有更多的反驳理由了。

然而在 51d 中，苏格拉底的假想敌们提出了一个新的观点，这个观点如果正确，辩论的结果就会大不一样：苏格拉底已自愿与他们达成协议，尊重法律并遵守法律。这并不是说苏格拉底曾经签署文件或公开宣布，而是他的行为本身就足以表明这个协议的存在。法律规定雅典公民一旦成年就可以携带自己的财产离开雅典，不用承受任何物质惩罚。但是苏格拉底选择留下。而且，苏格拉底活到七十岁，在这期间，除了外出打仗，他从未离开过雅典，即使是短期的都没有。在接受审判时，苏格拉底就曾清楚表明他无意接受流放作为一种替代惩罚。总之，这明确表现了苏格拉底自愿接受雅典的制度。现在苏格拉底打算撕毁协议吗（与他自己在 49e 中声明的相反）？

苏格拉底的大部分辩论都站在一个相当的原则高度，有时高得让人发晕——比如他说相比较而言，做正当的事更重要，名誉问题（他自己的名誉和朋友的名誉）、抚育孩子的问题都无足轻重。但是从 52c 到结尾，即《格黎东篇》的最后部分，可以看到苏格拉底重复谈到了前面的话题。不管他是想确信能说服那些尚未接受他那些崇高原则的人，还是根本不乐意让那些人来决定整件事，事实是在这里他再次谈到了名誉、给朋友带来的危险、流放的可能性以及孩子的教育这些问题。

往回翻几页就可以看到苏格拉底告诉格黎东不必担心众人的说法。但是“法律和国家”这一部分认为至少有几点值得一提：苏格拉底有可能成为别人的笑柄（53a），有可能听到许多关于他自己的反对言论（53e），有可能让法官们有理由认为自己作了正确的决定（53b/c）。［对一个赞同苏格拉底原则的人来说，更重要的是如果苏格拉底的所作所为与审判时他自豪宣称的观点相违背，那他就会感到羞耻（52c）——对苏格拉底来说，正直的意义远不止这些。]他应该考虑到实际后果：如果他逃亡，朋友们就会有危险（53b），他自己的流亡生活也将得不偿失并会降低他的身份（53b—53e）。最后（54a），流亡能给孩子们带来什么好处？他打算带着孩子一起去特答利亚（偏偏是特答利亚），让孩子们也一起流亡吗？如果孩子们在雅典长大成人，他是死还是不在家又有什么不同？无论如何，他的朋友都会悉心教育他们。

法律还有最后一张王牌，这张牌从古至今都为卫道士们所熟悉并经常使用：古老的地狱折磨的策略。如果苏格拉底触犯法律，法律说，那么死后，等待他的将是可怕的待遇。阴间的法律与阳间的法律是兄弟，会为兄弟报仇。

最后，苏格拉底本人又说话了（54d）。他的结束语谈到了另一个永恒的话题：道德与宗教的关系。有人认为（当然也有许多人持不同意见）不信仰一位神灵就不可能有正确的道德观。我们没有理由认为这是苏格拉底首创的观点，但是看来他的确在做一件和那种折磨一样历史悠久的事，但却比那种折磨让人欣慰得多：他宣称得到了神的道德启示。"我好像听见了这些，格黎东……这些话一直在我体内回荡，以至于我无法听到别的……那么就让我们这样做吧，既然这是神指引我们前往的方向。"

对话结束了，我希望你们在阅读过程中得到了享受。众所周知，道德问题的解决相当困难，不仅是在几个人想要达成一致的时候，甚至在个人作决定时也是如此。对于出现这种情况的原因我们已了解一些：涉及的因素太多，问题类型太复杂。你是应该做 A 还是不做？如果你做了后果会怎样？除了你本人之外，可能会给你的朋友、家人或其他人带来一定的影响。如果你不做又会怎样？如何比较带来的两种后果？要么这样：完全不考虑可能造成的后果，就问自己是否能凭着对自己的判断一直做A——这样做会不会导致自己违背一直以来珍视并努力想要达到的理想？如果真这样做了你会有怎样的**感受**？又或者尽管带来的结果非常好，但是否又会与你所承担的责任或义务相矛盾？对谁的义务？如果**不**做你是不是又会违反其他的义务？是对朋友和家人的义务先于对国家的义务，还是对国家的义务先于前者？如果你信仰宗教，**该宗教**对这个选择题又有怎样的回答？在《格黎东篇》中，这些问题的复杂性都是很难察觉的，因为苏格拉底提出所有相关因素的态度要么是中立的（这对他的孩子来说没有什么影响，对他的朋友也一样），要么都指向一个方向。但是要发现其中可能存在的让人痛苦的道德困境并不需要太多想象力。

有些人希望哲学能为道德问题提供答案，但是除非哲学能在一定程度上将我们刚才讨论的复杂问题简单化，否则希望非常渺茫。因为它将不得不令人信服地向我们表明，只有**一种**正确的方法能在各种不同的因素之间达成平衡。苏格拉底在努力将整个事件归纳到一个问题上时（从 48c 开始），就是在做简单化的工作。我在前面提到过康德（第 20 页），他也在争取简单化，将道德观置于一个简单的原则之上，这个原则与我们熟悉的一个问题——“如果人人都这样做会发生什么事？”——紧密相关。另一些人则从其他角度来进行简单化，建议我们不要考虑责任和义务的问题，只需考虑我们打算做的事将给所有可能受到影响的人带来的后果。在第五章，我们会读到更多类似的观点。

图 3 苏格拉底一边从狱卒手中接过毒鸩，一边继续与朋友们辩论。大卫·雅克·路易的名画《苏格拉底之死》(1787)。

第三章

我们如何知道？

休谟的《论奇迹》

包括笔者——你们现在的哲学向导在内，许多人都认为苏格兰哲学家大卫·休谟（1711—1776）是所有用英语写作的哲学家中最伟大的一个。他多才多艺：他撰写的多卷本《英国史》影响深远，以至于他在有生之年同样以历史学家而著称；他还写作政治（主要是关于宪法的）和经济方面的评论。他认为自己所做的这一切都是为了完成一个总的研究计划，即对人类本性的研究。《人性论》虽然是他年轻时所写，但却是一部杰作。该书分三卷，于 1739 至 1740 年间出版，其中讨论了人类信仰、情感和道德判断问题。书中追问了信仰、情感和道德各是什么，是如何被创造出来的。

休谟对人类的本质是什么有着确信不移的认知，他关于上述问题的著作都是在这种确信的基础上写成的。他还确信一种认知，这种认知对他来说也同样重要，即人类不是什么。这是一种独特的错觉，在我们有可能接受任何更具有积极意义的观点之前必须加以摒除。要记住大部分伟大的哲学体系都不是简简单单地在我们以前的信仰上增加或是减去一两个事实，而是摒弃一套完整的思维方式，用新的取代。这其中可能有大量的细节问题，但是只要稍向后退，就会发现其中是有广阔天地的。

图 4 休谟貌似钝拙，实则聪颖。“从脸上根本无法看出他的独创性才智，尤其是他思维的敏感性以及活跃性，”一位拜访过休谟的人写道。

休谟想要彻底根除的概念有其宗教根源。严肃看待那句老话——上帝按照自己的模样创造了人类，会发现这句话实际上把人类看作是杂交体；人类生活在这个世界，但并不完全属于这个世界。我们的一部分，即我们的身体，是自然物体，受自然规律和自然发展过程的影响；但是我们还有不朽的灵魂，它天生具有理性，并且能够理解什么是道德观——这就是上帝之所以按照自己的模样创造了人类的原因。动物则很不一样。它们没有灵魂，它们只是精密复杂的机器，仅此而已。人类和动物之间存在着重大的差别，有一条显著的分界线，但是在人类和上帝之间并没有。休谟想要改变这种说法，他认为人类并非低一级的小毛神，在某种程度上人类是稍高一级、体形中等的动物。

上帝		上帝(?)
人类		———
	⇒	
———		人类
动物		动物

不要漏掉右上角加上的问号。左边一栏引导我们过高估计人类的理性。如果从合适的角度来看，我们会发现自己既划错了分界线，同时又注定无法想清楚什么应该被划在这条分界线以上，因为我们尚未达到那个层次。

因此，关于理性在生活中的重要性，休谟有许多话可说。他认为理性的作用并不像自己的反对者认为的那么大，或者说并非反对者认为的那种类型。随后他谈到反对者们要求理性完成的事中有大部分实际上需由其他因素，即人性的方法来完成；

关于人性的方法，休谟发展了一种广博的理论，这种理论是我们现在所谓的早期认知科学的雏形。但是当休谟直接论及宗教信仰时（他写了很多，见本书“参考书目”），他没有使用宏大的理论，而是诉诸常识以及人们日常生活观察所得。因此他的《论奇迹》就是另一部浅显易懂的经典哲学著作。如果把阅读比作居家，那么这本书的出发点如果不是在起居室，那也是在家门口。

但是，我们不能想当然地认为这其中所有的内容都是我们非常熟悉的。休谟接下来要证明的是：如果我们相信发生了一个奇迹，而我们的证据都源自他人的描述（通常几乎都是这样的），那么这种认定是有悖于理性的，因为让我们相信所称的奇迹并**没有**发生的理由应该至少与我们认为它发生的理由一样充分。实际上，休谟认为，让人相信奇迹没有发生的理由往往更充分些。这个话题他需要谨慎对待，原因有二。首先，在休谟发表《论奇迹》之前不到二十年，有个叫托马斯·伍尔斯顿[1]的人在监狱中度过了生命中最后几年时光，就因为他声称光凭《圣经》中关于耶稣复活的记录并不足以让人相信这样一件很不可能发生的事；休谟现在要谈的与此绝非毫无关联。第二，休谟的确想改变同时代的人，尤其是他的同胞们对宗教的看法。如果这些人不看他的书，那么他们的看法就无法改变，所以休谟必须春风化雨般地引导他们。

---

① 托马斯·伍尔斯顿（1670—1733），英国宗教作家，属于自然神论者中的过激分子。他怀疑预言和基督复活，并坚持以比喻方法来解释《圣经》中所提到的种种奇迹，认为这些奇迹不足以提供足够的证据使人信仰基督教。（引自《简明不列颠百科全书》第八卷，中国大百科全书出版社1986年版）

因此,在开头第一段休谟把“蒂洛森大主教”[①]搬了出来。如果能宣布自己的观点是从一个大主教新近才提出的观点发展而来的,还有什么比这更能说服人呢?要想更有说服力,除非还能加上一点:大主教的观点可以决定性地驳斥罗马天主教的某个特定教义?休谟的读者中有绝大部分都不同程度地反对罗马天主教,他们会觉得顺眼、满意,然后继续往下读。

探讨这个观点本身之前,还有一个问题:为什么休谟觉得就奇迹是否发生的证据问题进行写作如此重要?这其实是他系统研究宗教信仰的理由这个整体计划的一部分,通常认为这些理由有两类。一方面是人类依靠自己的经验、利用自己的推理能力推断出来的;另一方面则源自神的启示,即某部圣典或某个权威人士。但是这也导致另一个问题:有些圣典可能是骗人的,而权威也可能是假的,怎样才能区分真假呢?回答是真正的启示必然伴随着奇迹出现。因此发生奇迹非常重要,它能证明宗教的权威性。(奇迹的发生最终是由尽可能重要的权威人士来宣布的;人们普遍接受的一个观点在此为休谟所采纳,该观点认为奇迹的发生必然违背自然法则,因此只有上帝或者上帝赋予其神圣力量的人才能创造奇迹。)因此,认为我们永远也不可能有充分的理由相信奇迹的发生,这样宣称是具有颠覆性的,它相当于声称人类的理性不足以区分真正的启示和虚假的启示。

下面来谈休谟的观点。休谟讨论的出发点为人所熟知,因为我们都经常要靠别人讲一些事给我们听。这样做在大部分情

① 蒂洛森(1630—1694),英国高级教士、坎特伯雷大主教(1691—1694),曾任英王的宫廷牧师,反对无神论、清教主义和天主教教义。(引自《英汉大词典》,上海译文出版社1983年版)

况下都没有什么问题，但是有时我们所听到的却被证明是错的。我们还时不时从不同的人那里听到相反的说法，这样我们就知道其中至少有一个人说错了，尽管我们可能永远无法弄清到底是谁错了。我们对为什么会有错误的说法也略知一二——为了自己的利益，为了保护他人，为了维护自己心中极为珍爱的事业，为了使讲述的故事更精彩，或者仅仅因为一个严重的错误，因为贸然相信先前的说法，因为恶作剧，或是其他什么原因。我们大部分人在一生中都会有犯错的时候，而且大部分都是由于上述原因，因此我们认识到这一点并不仅仅是通过他人的论述（正如休谟有些话中暗示的那样）。我们都知道人类的证词有时候需要小心对待，在某些情况下更是如此。

假设我告诉你在上周某个正常上班的日子，正午之前我驱车横穿伦敦南北，路上没有看到一个人影，也没有遇到一辆交通工具——没有一辆小汽车，没有一辆自行车，也没有一个步行者——我经过的时候，所有的人都碰巧在其他地方。你可能会怀疑我说这要么是在荒谬地夸大路上出奇的安静，要么是在检验你是否容易上当受骗，要么是在回忆一个梦境，要么就是发疯了，但是有一点你不可能相信：我所说的是真的。你会想，任何事情都可能发生，就这件事不可能。

你这样认为是明智的。即使我所说的的确是真的（这也是可以想象的，因为当时没有人非得跟我同路，他们**也许**都决定待在别处），如果就因为我是这样说的你就相信了，那也是完全不理智的。如果你当时和我一起，亲眼看到空旷的街道，那么情况或许就有所不同了。但是我们现在谈论的是你只依靠我的证词的情况。

你或许能看出休谟的观点已经开始成形。考虑到奇迹事件在巩固宗教信仰方面所起的作用，这样的事件必须是根据经验判断几乎不可能发生的。如果奇迹属于那类能够轻易发生的事，那么随便哪个老骗子，只要有点运气或者时机掌握得当，就能抓住机会获取神圣的权威。但是如果奇迹是几乎不可能发生的，那就只有最可靠的证据才足以让人相信其发生。一个聪明人被迫在两种不可能发生的事情之间进行选择时，会如同休谟所说的，依靠证据来决定信仰，选择发生可能性相对较大的一方。因此证据必须来自这样的聪明人，这些证据发生错误的可能性比他们所描述的事件发生的可能性更小。但是这很难办到，因为正如你所见，上述事件发生的可能性已经极小。

这样**从理论上来讲**，我们完全有可能拥有足够有力的证词作为证据，但是这也足以产生一个严重的疑问——我们是否对于任何一个奇迹都**真正**拥有足够的证据。我们知道即使是亲眼所见也可能判断错误，或者是被人有意欺骗。许多人都有过这样的经历：同是曾经在事情发生的现场，自己对事情的描述与另一个人的不一样，而且往往是在事情发生之后的一两天之内。我们知道的许多奇迹事件都是通过他人转述，而这些人也并不是目击者，并且在通过文字或口头进行转述时已是事情发生许多年之后。这样的描述有许多都出自宗教信徒之口，而该宗教正是利用所谓的奇迹来支撑自己。法庭可能会认为这样的目击证人实际上是非常不可靠的——有些时候，因为这些证词根本不可靠，法庭根本就不想听他们作证。

那么是否存在不引人怀疑的对奇迹的描述？要回答这个问题，听起来我们似乎需要翻遍所有有文字记录的历史资料。但是休谟认为这样做没有必要，因为并不是说奇迹发生的可能性必须相当小，而是说奇迹必须在某种意义上是**不可能**的，即违背自然规律的(并不仅仅是奇妙的,……而是真正神奇的)。这就是休谟对奇迹所下的定义，也是他希望读者能够接受的定义。这个定义使我们可以用一种略微不同但是却更具有决定性作用的形式来再次表述休谟的观点,这种形式也是休谟喜欢的形式。

我们得到关于某件被视为神奇的事情的报道——方便起见，我们称这件事情为**事件**——并且被要求相信事件发生过，相信事件的发生违背自然法则。既然我们有足够的理由来相信这样一件事情的发生是违背自然法则的,那么它肯定与我们自身的经验不符,与我们最熟悉的关于自然如何运转的理论不一致。但是如果上述说法成立,我们就必须拥有绝对充分的理由才能相信事件并**没有**发生——实际上,这样的理由必须是我们曾用来证实任何这类事件的确发生的最充分理由。

那么反过来，我们又有什么理由相信事件**的确**发生了呢?回答是对事件的报道,即**据说**事件的确发生这一事实。那么对事件的报道是否有足够的力量击败反方的理由,让人们相信事件曾经发生,也即使事件最终获胜呢? 不,休谟说,(从理论上说)报道的说服力与其他理由的说服力不相上下,但是绝不可能比其他理由的说服力强。可能有这样的情况:一些地位足够高且有良好声誉的证人在合适的环境下提供证据,那么根据自然法则(心理学法则),这些证据必定是真的。但是这仅仅意味着我们有最充分的证据来相信或质疑“事件”的发生,真正明智的做法则并非相信奇迹的发生,而是困惑和犹疑。

注意上段括号中“从理论上说”这几个词。休谟认为在现实生活中我们还没有发现这样的情况,并且给出了一系列理由进行说明。如果休谟生活在我们的时代,他可能会补充一点:心理

图5 5世纪绘画作品中描绘的关于面包和鱼的奇迹。为五千人提供食物？还是为人们提供思考的养分？

学研究已经发现一些惊人的事实，说明人类的记忆和人类提供的证据不可靠，但是并没有迹象表明心理学界正在集中力量研究在怎样的条件下，人类记忆和证据的可靠性才能完全得到保证。考虑到休谟列出的扰乱性因素涉及的范围，我们也不应该期望心理学研究能做到这一点。

实质上，上面所写就是休谟的观点。毫不奇怪，他的观点引发了大量争论，而且争论现在还在继续。下面就略呈两点，以使读者窥见一斑。这些内容同时也巧妙反映了心理学讨论乃至一般性的辩论中经常出现的两个特征，因此很有必要关注一下：一方面，有些批评意见尽管本身完全正确，却会遗漏一些论点；另一方面，有些反对意见则认为往往一个论点被用来“证实太多的东西”。

我们可以说休谟的观点是在相信奇迹发生的可能性必须(至少)相当小的基础上得出的,但是难道他的反对者们不会否认这一点吗?毕竟,他们是相信奇迹的。因此尽管他们也许会认为——借用休谟自己的例子——伊丽莎白一世死而复生的说法远不值得认真考虑,正如休谟本人会认为的,但考虑到他们心目中耶稣的形象,他们可能会认为所谓的耶稣复活的奇迹根本不是不可能的事。但是在反驳这些反对者时,休谟难道没有回避这个问题的实质——与其说是证实了他们是错误的还不如说仅仅是假设他们是错误的?

但是我们应该从休谟的角度出发这样回答:上面误会了休谟正在做的事情。休谟正在问的是,有什么原因首先使得人们形成各种宗教信仰。一旦这些观点已经形成,世界看起来会完全不一样,不同的观点似乎也都是合理的——关于这两点休谟在任何时候都不会有异议。他也没有必要对此有异议,因为这两点对是否能够证实奇迹的发生,“从而为一种宗教体系的形成奠定基础”这个中心问题毫无影响。

综上所述可见,第一种反对意见仅为无的放矢,但是第二种反对意见不同,它给休谟带来了更多的麻烦。难道他的观点不是在表明,改变自己关于自然法则的看法永远都是不合理的?但是这种改变恰恰是科学进步的主要途径,因此如果这种**改变**违反理性,则任何关于相信奇迹存在是违反理性的指责看起来都会变得不那么重要。“如果我不比牛顿、爱因斯坦之流差,”信仰者们会说,“那么我根本无所谓。”

为什么人们可能会认为在此情形下休谟的论点有些过分?好吧,假设我们有充分的理由相信某事是自然法则,因为到目前为止我们所有的经验都与之一致，而且当前最先进的科学理论也证实了这一点。现在，再假设一些科学家提供报告说自己的实验结果与之冲突。那么，休谟的观点难道不会让我们当场就拒绝接受他们的报告吗？如果说我们有证据证明他们报告中所述的事情不可能发生，那么这些证据就跟我们所能找到的其他任何证据一样充分；而从问题的另一方面考虑，我们只拥有——科学家们提供的证据。这不就刚好与休谟关于奇迹的描述所讨论的情形完全一样吗？

休谟在动笔时似乎是想预先提出一些批评意见："因为我承认，如果是另一种情形(即当这个问题并非关于某种宗教体系形成的基础时)，可能就会出现奇迹——违反正常自然规律的事，这种奇迹允许通过人类的证据来进行证明……"随后休谟又描述了一种假设(哲学家们经常使用假想的例子来验证某个观点的说服力)：在所有人类社会中都有关于一次长达八天的黑夜的描述，而且黑夜什么时候开始、什么时候结束，都完全一致。接下来，休谟又说，显然我们应该接受这种描述，并且开始思考这个非同寻常的事件可能是由什么引起的。不过休谟没有明确告诉我们举这个例子能使问题有什么不同，而这一点正是我们需要知道的。

我想如果我们就这一点挑战休谟的话，他应该可以回答得更好，当然也更清楚。他也许会说，在我刚刚勾勒的情形下(倒数第二段)，科学界大概**不会**相信所给的描述，并且在几个科学家**重复这个实验**并得出几乎一致的结果之前都会极为理智地不予相信。这时，对所作描述的相信已不仅仅是简单的证据问题，同时也关乎大范围的观察。我们可以要求科学实验的结果能够重复验证，我们也的确是这样做的，但是我们无法要求奇迹再次发生。当奇迹出于某种原因无法再次发生时，那些坚持认为奇迹不可能发生的人很容易自圆其说，而我们则应该谨慎对待科学发现，一如对待宗教问题那般。

尽管我们无法完全肯定，但也许这就是休谟想要说的。在他所说的假设情形中，**所有**的文化族群中都能找到关于一次黑夜长达八天的说法。在那个信息交流缓慢、不便，并且很可能产生片面性或错误的年代，他可能是这样看待自己的这个故事的：毫无疑问，其中所有不同的族群都是**独立**观察并最终得出几乎一致的结果，因此整个情形就相当于几次重复同一个实验并得出几乎一致的结果。正如我在段落开头所说的，我们无法完全肯定——即使是休谟，探讨这个问题的世界上最优秀的哲学家之一，也并非一直都很肯定。但是我们能够完全肯定的是，休谟想说的远**不止**这些。前文引用了休谟的一个假设，在这个假设所在段落的结尾我们看到这样一句话："也许，通过如此多的类比，自然的衰败、腐烂和消散这些事件可以这样解释：任何看起来有可能导致这种灾难的现象都能通过人类的证词得到证实，如果这些证词来自多方且相当一致的话。"

或者换句话说，所谓的八日长夜的确非同寻常，但是自然偶尔不按常规运行并不非同寻常。所以我们没有理由认为这样的事**不可能**，因此也就无法将其与奇迹出现的情形进行比较。关于休谟的《论奇迹》，要研究其中一些细节问题须花费大量时间，而且有许多人已经花费大量时间来研究了。但是我们的哲学之旅要继续往前了。

第四章

我是什么？

一个佚名佛教徒对自我的思考：弥兰陀王的战车

对于印度哲学典籍，一般来说我们对其作者的了解都不多。如果我们知道这些典籍的作者的名字、他们生活的地域，如果我们能把他们在世的年代范围精确到五十年之内，这便是获得了学术上的一种成功。但是就《弥兰陀王问经》[①]一书而言，学术领域还没有获得这样的"成功"——对其中提出的问题，我们几乎一无所知。书中，一个名叫那先的比丘与一位侯王辩论并且回答侯王的问题。那先可能是个真实的人物，不过后来被传奇化了。而弥兰陀王（Milinda）一般被认为就是米南德（Menander），自亚历山大大帝征服印度之后印度西北部历任希腊统治者之一。但是即使这些也只是人们的猜想——既然如此，还是让我们直接来看这部典籍吧。

略看几行，我们就会大吃一惊。我们知道，柏拉图《格黎东篇》中几乎所有的构成元素在大部分读者看来都是相当熟悉的。休谟在《论奇迹》中着眼于从日常生活中关于证据的观察结果，以及对奇迹的一个并不让人感到吃惊的定义出发，提出观

① "弥兰陀王"原文Milinda，又译为"麦南德"、"弥邻陀王"或是"美南多罗斯王"。《弥兰陀王问经》是南传佛教巴利文译本的译名，汉传佛教译为《那先比丘经》，梁启超在《佛学十八篇中》就译为《那先比丘经》。

点，最后得出一个非同寻常的结论，并且表明得出这个结论是必然的结果。但是作者们有时会采用不同的策略，提出一个坦率地说似乎很荒谬的主张，将我们直接扔到了深刻的一端[1]。我们要学会坦然处之，继续往下读，并尽力找出这个荒谬的主张到底意味着什么（也许它的真实意思就写在字面，也许它不过是用一种非常的方法来言说某件不那么令人惊讶的事情），哲学家们为什么要提出这个主张。注意“哲学家们为什么要提出这个主张”包含两层意思，两层意思都很重要：一是他们认为这个主张正确的原因，二是他们对这个主张感兴趣的目的，即他们想要得到什么。所有这些都与我们下面将要探讨的这段内容密切相关。

首先来看让我们吃惊的事情。两人聚集在一起，王问那先的名字，那先告诉他：“陛下，人们叫我那先。”但是他随后又加了一句说“那先”一词只是“一个名字而已，因为并不能找到这样一个人”。他的话是什么意思呢？你可能会认为那先是某个人，这个人刚刚告诉弥兰陀王自己的名字，但是马上你又发现这个名字不是一个人名。所以那先终究不是一个人，即使他刚刚才告诉王**自己**叫什么名字，其他僧人是怎么称呼**自己**的。这里面到底是怎么回事呢？

王显然是精于此类讨论（而且也精通佛法）的，他并不灰心，而是继续深入问题的核心。他认识到那先并不仅仅是在说他自己，而是希望自己提出的观点（无论这个观点是什么）同样适用于其他所有人，所以王开始从那先的观点中推演他认为是荒谬的结果。如果那先所说的是对的，那就没有人曾经做过任何事情，不管是好事还是坏事；也没有人曾经取得过成功，遭受

① 见第一章。

过任何痛苦。也没有谋杀这类事,因为根本没有人死去。然后,王又就那先的身份开了个小小的玩笑:没有人给那先讲过经,也没有人授予那先比丘的称号。这种策略在所有的辩论中都是常用的:这里有许多事情是我们大家都会毫不犹豫地认为是正确的,那么那先是在说这些事都是错的吗?或者他打算告诉我们,如果我们正确理解他的观点就不会得出这样的结果了?那先从未正面回应过这个挑战。到这章的结尾他给了一个暗示,从中我们可以想象出如果那先当时正面回应的话,他会说些什么。但是这时王继续说话了,使用问答的形式,如同柏拉图的许多对话。

弥兰陀王在这段中的提问是建构在佛教“五蕴”教义之上的。“五蕴”认为人是由五大元素构成的复杂体。弥兰陀王称这五大元素为物质形式、感觉(通过感觉这些元素似乎明白了什么是快乐、什么是痛苦、什么是漠然)、感知、精神构成(即我们的脾气和性格)以及意识。这五种元素到底是什么我们无须费神,只要大概理解就行了:关键是**人**不能等同于其中任何一种元素。

只要稍作思考,我们大部分人可能都会这么说。我们就是我们的感觉吗?不,我们是拥有那些感觉的人,而不是感觉本身。我们是我们的感知吗?也不是,原因同上。我们是我们的脾气性格吗?当然也不是,因为脾气和性格是以某种方式行事的倾向,我们不是那些倾向本身而是**具有**这些倾向的人。同样,我们也不是意识,**什么**是有意识的,我们就是**什么**。不过,其中第五种元素(弥兰陀王其实是把这种元素排在第一位的)也许会更有争议。物质元素,即身体,难道就不可能是那个拥有意识、脾气、感知和感觉的东西?实际上,当那先被问到是否那具躯体就是那先时，为什么他很快就说不是呢？

如果有人提出一个似乎显而易见的观点，这个观点对你来说又好像根本不是显而易见的，那么寻找其背后深藏的未被说出的东西就不失为一个好策略。也许他们假设一个自我，即一个人必须是某种纯洁崇高的东西——注意王在提问之前不遗余力地描述了身体的令人厌恶之处。也许他们假设自我与身体不同，自我必须是永恒不变的东西，甚至还能够超越死亡。这两种假设要么源自之前的哲学或宗教概念——我马上还会谈到这一点，要么源自下列观点：物质本身并不运动（只是将自身的一部分留在周围，看自己移动了多少），而动物是运动的——因此其内部肯定有某种非物质的东西使其物质部分运动；或者，即使物质本身是运动的，但是它无法连贯地运动，它的运动没有方向性，也不能随机应变——因此身体需要有某种东西来指引自己。

这些观点早在《弥兰陀王问经》问世之前就司空见惯。还记得苏格拉底在《格黎东篇》中强调灵魂纯洁的重要性，或者再读柏拉图关于苏格拉底最后一次对话和苏格拉底之死的《裴洞篇》，也就是《格黎东篇》后面的一篇。“停一停，”也许你会喊道，“那是希腊，我们这里谈的是印度。”没错，但是在印度教神圣的婆罗门典籍中（甚至更早）就能发现非常相近的观点。我们承认，佛教曾有意识地摆脱婆罗门教的传统。两者的分歧主要在于动物牺牲和种姓制度（这两点以及其他所有极端的禁欲方式，佛教都已摒弃），但是婆罗门教的许多其他传统观点都保留了下来，并成为佛教出现的基础。轮回转世遭受苦难的说法以及摆脱轮回获得解脱（佛教的涅槃和印度教的解脱）的希望同时是两种宗教思想的组成部分。

知道这些也许有助于我们理解为什么那先比丘在面对那一连串问题时马上就回答"不,陛下",但是帮助并不像我们希望的那么大,因为这些并没有提示我们为什么那先对王的最后一个问题进行了否定的回答,即那先是否是其他东西,一种与五"蕴"不同的东西。如果那先是其他任何东西,我们会希望他回答"是的,那先是与五蕴不同的东西,这种东西可以脱离躯体,然后进入另一个躯体居住,这种东西在现世有一定的感觉和感知,进入来世感觉和感知则相当不同"。但是他的回答还是"不,陛下"——那先**不是**其他东西。因此谜还是没解开。弥兰陀王接下来的回答也同样让人感到困惑:他谴责那先所说的是错误的,因为显然"并不存在那先"。但是那先从未说过存在那先——恰恰相反,是那先自己的那句让人感到困惑的"**并不存在**一个叫'那先'的人"使这场讨论得以展开。

你有时肯定也会遇到像这样的如同交通堵塞一般的困境,但是只有拙劣的向导才会试图掩盖事实。到这个阶段,我们的阅读需要一些创新性。比如:我们是该认为王就是被搞糊涂了,才对对方所说的话不理解,还是该认为王就是无法相信不存在这样一个人,因而认为那先肯定至少会用"是"来回答自己一连串问题中的一个?既然对所有的问题那先给出的答案都是"不是",那么其中至少有一个答案是错误的,这就是当王说"您,尊敬的长老……所说的是错误的"时,所指的"错误"吗?这两种观点(也许你能想到另一种)我偏向第二种,因为第二种与你阅读整章时的感觉更吻合。这章中,弥兰陀王对自我的本质的看法被认为是错误的,而那先则纠正了他的看法。

那先纠正王的看法同样是通过向他提出一系列关于战车的问题(之前,那先先简短地拿弥兰陀王奢侈的生活方式打趣儿)。印度传统中经常使用明喻、比较和类比。在遭遇疑难问题时,如果听者开始把这个问题看作与自己熟悉的其他事情类似,或同属一种类型,那么他就会感到更加自如。这里值得期待的是:一旦王都用“不”来回答所有关于战车的问题,那么他也就会明白为什么那先用同样的方式来回答他提出的关于人的问题。

到这章的结尾,王的确明白了。然而还是让我先来谈谈一些只研究这个文本无法揭示,但却肯定会对像弥兰陀王一样具有学识和智慧的人产生影响的东西。那先把战车与人相提并论,让人清晰地想起在两人共同的哲学背景中大家都很熟悉的一个暗喻,但是与此同时,那先的比较又与这个暗喻惊人地不同。

柏拉图曾经把自我比作战车,这点众所周知。早在柏拉图之前,印度哲学传统中的《卡达奥义书》也作过同样的比较(见参考书目)。现在轮到那先了吗?并不完全是。似乎作者[①]是在影射这种传统,从而正好突出自己的反对意见。柏拉图书中写到一个战车手在努力驾驭一匹温顺的马(理性)和一匹不羁的马(欲望),而《卡达奥义书》则将自我比作乘坐战车的人,将智力比作指引感觉的车手,并将感觉比作马。那先没有提到马,更重要的是他没有提到战车手,更没有提到与其有所区别的乘车人。那正是那先反对的画面。没有永恒的存在,即没有自我来指引方向或是进行监督。作者使用战车这个神圣的比喻,但是用法与前人有所不同:他是在将自己的观点传递给自己所处的文化圈,同时又向其表明自己所反对的东西。

因此那先比丘使用完全一样的方法询问王:“车轴是战车

① 指《弥兰陀王问经》的作者。

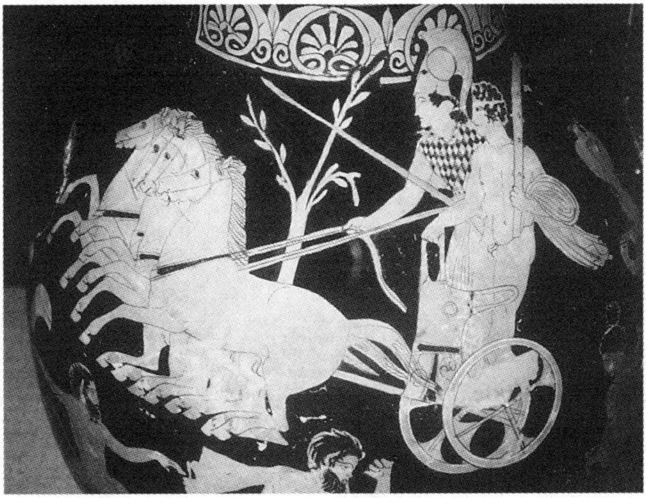

图 6、图 7 战车的形象。在印度宏大的叙事诗《摩诃婆罗多》非常有名的一个场景中，阿周那乘坐黑天女神克里希娜驾驭的战车。克里希娜不仅是他的车夫，同时还是他在道德方面的指引者。希腊神话中英雄赫拉克勒斯手持缰绳，雅典娜女神在一旁守护着他。

吗？——轮子是战车吗？……”弥兰陀王的回答都是“不”。这并不令人吃惊。那先为王的问题给出的答案也并不让人感到吃惊，但是最后一个问题除外。同样，弥兰陀王其中的**一个**回答也让几乎所有读者都感到吃惊。不过这次不是最后一个问题，而是倒数第二个问题。那先问那么战车“是不是旗杆、车轴、轮子……缰绳和刺棒的总和”。大部分人都会说“是的；只要我们所指的不是散落成一堆的零件，而是**正常拼装组合好的**，那就是一辆战车”。但是弥兰陀王还是回答“不，尊敬的长老”。

我们很快就能发现这个相当奇怪的回答之后隐藏的东西。现在还是让我们注意一点：王在用“不”回答了所有的问题之后，已经把自己置于一个与那先刚才所处的一样的情境之下。那先马上以其人之道还治其人之身，用弥兰陀王先前问自己的话进行反问：“那么你所说的你乘坐来这儿的战车在哪儿呢？陛下，您所说的是错误的……”——那先赢得了一阵掌声，即使是弥兰陀王的支持者也为他鼓掌。但是王并不服输。那并没有错，他说，因为“正是有了旗杆、车轴……和刺棒，‘战车’才能存在，但是只是作为名称而存在”。正好一样，那先回答说，“那先”也只是作为名称而存在，因为五“蕴”都在。随后他又引用比丘尼金刚的话：

> 部件正确装配
> 就可以说有一辆“战车”
> 同样，只要存在五蕴
> 按传统，就可以说存在“一个人”

国王为之折服。这章就在愉快的气氛中结束了。但是两人到底在哪些方面达成了共识呢(你也许会问)？是关于“战车”“自我”“人”“存在”以及“那先”是约定俗成的术语吗？那么难道不是**所有的**词语都是约定俗成的吗——同样表示“奶牛”的意思，不管当地的习惯如何，英语是用 cow，法语用 vache，波兰语用 krowa？还是他们要告诉我们的肯定远不止这些？

的确远不止这些。他们要告诉我们的不是关于语言的约定俗成性，而是关于整体及其组成部分；重要的是从某种意义来说，与构成整体的部分相比，整体不那么真实，不那么客观，反而更像是一种常规性的东西。首先，部分在某种意义上可以独立存在，而整体不行：没有战车时车轴可以存在，但是没有车轴就不存在战车。[正如德国哲学家戈特弗里德·威廉·莱布尼茨(1646—1716)后来所说，整体拥有的只是一个“借来”的真实存在，从组成整体的各部分的真实存在那里借来。]而且，决定怎样才能构成整体的不是自然，在某种程度上持决定权的是我们以及我们的目的。如果我们将战车的旗杆和其中一个轮子移走，那么所有剩下的零件构成的集合本身并非不完整，但是就我们希望战车所起的作用而言，这个集合就变得不完整了。

那么为什么所有这些都很重要呢？为什么那先要首先发起这场对话呢？并不仅仅是为了消磨时间，我们对此大概很清楚。这一点对他很重要，因为他认为信仰能影响我们的态度，从而影响我们的行为。这当然完全合理：比如，对于那些认为“上帝”这个词代表某种真实事物的人，我们会期待他们的感觉——也许还有行为——与那些认为“上帝”只是一种约定俗成的言说方式的人不同。说得更专业一点：我们的形而上学观(我们对现实的根本看法)会影响我们的伦理观。这里，从佛教的观点来看，哲学的目的(实际上是佛教的目的)是减轻苦难；如果无法减轻苦难，哲学就毫无意义了。造成苦难的一个主要原因是过分估计自我、自我的需求以及自我的目标的重要性："执著于自我"，正如佛教徒们所说的。因此如果信仰改变能够降低我们心目中自我的地位，那么任何这样的改变都是很有用的。某部藏文典籍中有一段话说："相信自我是永恒的、独立的，你就会依恋自我；……这就会导致各种亵渎行为，这些亵渎行为带来恶业，而恶业则会带来恶报。"这就是为什么所有这些显得重要的原因。

那么我们是否能说在这章中，那先证明了他自己的观点？他真的证实了不存在永恒的自我，存在的不过是一个可被方便地称为人的多变的复合体吗？当然没有。即使我们接受了他和弥兰陀王所说的关于战车的所有观点，我们还是得争论只有在考虑到人的时候，这个战车的比拟才是可靠的；但是从这一点来看，那先什么也没说。因此跟其他大部分使用类比的情况一样，这个类比可以有效地说明或解释关于自我的学说的意义，但是并不能作为证据来证明这个学说是正确的。我们同样也并未从中得知为什么那先在面对王的最后一个也是非常重要的一个问题——那先是与物质形式、感觉、感知、精神构成和知觉分离的（不同的）吗？——时，给出了那个极为重要的答案（"不，陛下"）。而对于这个问题，支持有永恒的自我存在的人会回答**是**。

因此我们暂时得出的结论肯定是未经证实的。但是我们也许会问自己，这个问题（那先是否证明了他自己的观点？）问得是否恰当。如果我们是在试着明确自己关于自我本质的看法，那么也许问得恰当；但是如果我们只是想弄清我们所读的这章中发生了什么，也许就不恰当了。记住这只是为我们提供古鲁——权威的精神上师——的传统哲学的一个分支。在那先看来，关于他所谈的问题，堪为权威的最终应该是佛的话，而他自己的任务则是用活泼易记的话语来传递正确的学说。要做到逻辑严密，最好是读像休谟这样的哲学家的作品；这于休谟是合适的，因为他才是真正想做到逻辑严密的人。

一些读者可能会一直心存担忧。佛教徒和印度教徒一样相信重生——现世的达赖喇嘛**是**前世达赖的转世。但是如果在五“蕴”之外不存在自我，重生的又是什么？从一个躯体移入另一个躯体居住的又是什么？他们是如何在这两种学说之间平衡的？此处我所能说的是：他们完全明白这些问题的存在，因此导致了更多的佛教玄学的产生。但是我们的哲学之旅太过短暂，甚至连这些玄学的皮毛都不能谈及。不过如果你手头有参考书目中所列的那本《弥兰陀王问经》，不妨翻到第 58 至 59 页，读一读“转世和重生”那部分——准备好来感知其神韵吧。

第五章

一些主题

前面所举三例谈到了一些根本的主题，这些主题所涉及观点的重要性超越了任何单个文本或与之相关的任何单个流派与时期。接下来，我将挑选其中六个进行重点介绍。一个问题的提出以及（也许还有）回答有其特定的历史语境，那么这个问题在何种程度上能被视为是名正言顺地从其特定的历史语境中抽象出来的，这本身就是个哲学问题，而且并不简单。在本章结尾部分我将谈到一些这方面的问题。

伦理的后果主义

千万别被标题吓坏。这不过是关于结果决定事情好坏的一种学说的名称。在《格黎东篇》中，正如我们所看到的，苏格拉底在权衡采取不同行动可能带来的不同后果，即给他的朋友、孩子以及他本人带来的结果。当然，同时也有对过去发生的事情的考虑，而不是对将来结果的考虑：他过去的行为意味着他现在要对国家履行职责，这就要求他服从裁决并接受惩罚。在那章[①]的结尾我曾建议：哲学家们想要解决我们的道德问题，首先必须使我们相信道德问题实际上没有看起来那么复杂。其中的

① 指第二章。

一种努力就是提出后果主义：**没有**任何道德上的理由是向前看的，合适的道德上的理由都是看我们行为的后果。

因此后果主义的观点是，如果某事带来好的结果，这件事就是好的，如果带来坏的结果则是不好的。但是，你马上会注意到这并不能说明多大问题；我们仍然需要知道什么样的结果是好的，什么样的结果是坏的。仅仅重复公式（声称：结果是好的因为这个结果自身会带来好的结果）不能让我们更进一步。一个后果主义者必定愿意提出一些其**本身**就是好的事情或事态。这样，好并不在于拥有好的结果——好的就是好的。其他事情好只好在这些事情最后引发了它们——那些本身就是好的事情。

这就意味着后果主义并不是指某种单一的伦理学说，而是一种宽泛的学说。什么被认为是本身就是好的事情，后果主义就以什么样的形式出现，不管其具体形式如何千差万别。如果你认为唯一一件本身就是好的事情是快乐，那么你的生活就与那些认为唯一一件本身就好的事情是知识的人决然不同。因此，即使我们都承认自己在伦理上是后果主义者，我们之间一致的东西还是几乎没有。

到这里你可能会疑惑为什么我们要排除其他一切：为什么不能让各种不同的东西——比如仅举快乐、知识、美和爱几项——同时都是本身就是好的？这听起来非常合理。但是如果我们想要的是一种让我们很容易就能决定自己应该做什么的道德理论，这样做就朝错误的方向迈进了一大步。一旦我们同时考虑一个以上的基本价值观，我们必定会发现这些价值观有时会互相冲突。我可能常常会处于提倡一种（即做那些会带来**那种**结果的事）或另一种价值观的情况，**但不会同时**提倡两种价值观。那么我应该选择哪种价值观呢？如果苏格拉底必须在拿朋友的生命冒险与影响孩子的教育之间选择，他应该选什么呢？幸运的是他不用在这两者之间选择！如果我们能够只坚持一种基本价值，并用是否能带来这种基本价值去衡量所有其他事情的好坏，那该多省心呀。

那么，存在此类关于伦理的理论也就不足为奇了。其中出现较早，也是非常值得一读的是伊壁鸠鲁[①]（前 341—前 271）的理论。伊壁鸠鲁和他的追随者们认为，唯一一件本身就具有价值的事是快乐。不要认为他跟你说快乐就是指纵欲狂欢、美酒宴会，并时不时在私人岛屿的沙滩上休憩。他所说的快乐根本不是指这些，而是指**没有痛苦**，无论是在肉体上还是在精神上。他认为，这种完全无忧无虑的状态便是最快乐的状态。我们听到快乐一词马上想到的却与此完全不同，而且并不比这让人感到更愉快。伊壁鸠鲁似乎曾经机敏而充满智慧地为他的这个观点，以及他提出的如何达到并保持这种理想状态的建议而辩护。我说“似乎”是因为我们几乎没有看到伊壁鸠鲁亲笔所写的作品。尽管他著述颇丰，但我们对他的了解基本来自后人的描述。

另一种此类理论比较现代也更易理解，是由约翰·斯图亚特·密尔[②]（1806—1973）在他那篇著名的《功利主义》中提出的。在文章中，他将伊壁鸠鲁列为曾对自己产生影响的哲学家之一。密尔宣称唯一一件本身具有价值的事就是幸福——他给幸福下的定义是“快乐并且没有痛苦”（尽管他并不像伊壁鸠鲁那

① 古希腊哲学家，注重单纯快乐、友谊和隐居的伦理哲学的创始人。伊壁鸠鲁的快乐论认为快乐是选择一种行为或决定一种选择的唯一标准。（引自《简明不列颠百科全书》第八卷）

② 英国哲学家、经济学家和逻辑学家。

图 8 不列颠博物馆中伊壁鸠鲁的大理石头像。

样认为远离所有痛苦本身就是最大的快乐）。但是密尔的观点与伊壁鸠鲁的观点有一个重大区别。伊壁鸠鲁似乎更关心为人们提供建议，使其最大限度地获得**他们自己**的快乐或平静，而密尔是个社会改革家，他的伦理原则旨在提高**所有人**的生活水平（即幸福）。（佛教发展史中同样也有类似的分歧：最高理想是个体得到涅槃，还是让所有的人，包括个人自身在内，都得到涅槃？）伊壁鸠鲁主义声称："得让每个人都设法远离痛苦和焦虑。"虽然再加一句可能会更好："帮助身边的人远离痛苦和焦虑也许能帮助自己也远离痛苦和焦虑——如果确实如此，帮助他们吧。"相比较而言，密尔的首要目标更宽泛，就是获得幸福。因此所有人的幸福和你个人的幸福一样，都是你的目标，一个人的幸福与任何其他人的幸福一样，具有同样的价值。

密尔的抱负超越了他自己所处的社会——他甚至还在作品中写过要改善全人类的状况。这是典型的维多利亚时期，即处于巅峰时期的大英帝国公民的做法（密尔本人曾为东印度公司服务三十多年）。但是，把密尔看成是企图干涉他人道德观念的帝国主义者是不公平的。他并不想告诉别人怎样才能得到快乐，而只想告诉大家人人都应该获得物质资料，接受教育，并拥有政治自由和社会自由，从而用自己的方式获得属于自己的快乐。许多人会因为密尔的基本伦理原则中的普遍情怀而心生敬意。另外一些人则可能会怀疑要求人类的道德关怀针对所有人，范围如此之广又如此不偏不倚，这是否现实。我们能做到吗？如果我们的确试着这样做，生活会是怎样？

这些问题，尤其是第二个问题，使一些哲学家认为密尔的学说与另一种价值观冲突，这种价值观几乎在所有人看来都很重要。在《格黎东篇》中，我们已经发现这种价值观起作用了。

正直

你应该记得，对苏格拉底影响很大的一件事是他在接受审判时选择的那条道路。既然他在获得机会选择死刑以外的其他处罚方式时就明确拒绝了流放这种方式，那么现在他怎么还可能再选择流放呢？“既然命该如此，我就不能抛弃自己先前的主张。”作为一位战士，他在法庭上说，他会直面死亡，而不是错误行事；他不会仅仅为了延长自己的生命而做在自己看来是错误的事。

这些思想抓住了正直这种美德的中心内容。正直意味着完整一致[1]，正直作为一种价值观意味着生活应该是完整的而不

① “正直”的英文对应词integrity又有“完整”“完全”之意。——编注

是一串互不关联的片段。因此正直要求坚定不移地遵守原则，坚守自己的观点，除非出现新的理由或证据。与此相关（这同样也适用于苏格拉底），正直还包括坚持不懈地追求那些已选定的能够赋予生活目的和意义的事业。另外，正直还将自我欺骗、虚伪这些与人自身产生这种或那种抵触的内心状况排除在外。

那么正直的理想在何种程度上才能与密尔的功利主义一致呢？有人认为两者没法达到完全一致。因为不管过去你多么坚持某个原则，这一事实本身并不能给你任何理由现在继续坚持——如果我们认真而平实地对待密尔的处境的话。如果过去你坚持这个原则一直都能得到满意的结果（用幸福程度来衡量），那么**这一事实**至少可以给你一定的理由认为，继续坚持这个原则还能得到满意的结果——这**正是**现在继续坚持这个原则的一个理由。但是不管你多么坚持这个原则，不论它在多大程度上已经成为你人格的一部分，坚持原则本身并不能成为理由。反对功利主义的人质疑我们是否能够真正带着这种思维方式生活。

你可能会怀疑功利主义者在面对这种质疑时是否能够为自己辩护。如果不能，那么不仅仅是对功利主义者，对于其他类型的后果主义者来说，情况看起来都是糟糕的。因为在这最后一段，以快乐为标尺来衡量结果的好坏已不重要。如果有可能，我早就在不影响陈述观点的前提下选择其他因素而不是“快乐”为标尺。因此，这样做实际上是对后果主义的一个攻击，而功利主义只是后果主义的一种。所有认为这种攻击能驳倒后果主义的人都必定会接受这样的说法——行为的结果（至多）只是其价值的一部分，而要决定这个行为的好坏大概需要你主观地在全然不同的各种因素之间进行权衡。

政治权威——契约理论

国家要求其成员履行某些义务，这种要求如果来自个人肯定会引起强烈的反感。比如，纳税即是如此。为什么国家可以将我自己的部分收入拿走，而个人即使只是有这个企图，也会被判犯有勒索罪或是“威胁他人以获取钱财罪”？是不是国家只是侥幸逃脱了——显然国家才是我们身边最大的威胁？

现在的大部分政治理论家都认为国家的确拥有一些合法权威，但是这种权威究竟有多大还没有达成一致意见，换句话说，就这种权威在合法性边界内能扩展到什么程度这个问题而言，很少有一致的意见。实际上存在着各种各样的意见：极权主义的观点赋予国家权力，使其凌驾于个人生活的方方面面；权力最小化的观点则认为国家只需为保持国内和平、确保各成员之间订立的契约得到实施做一些必要的工作即可，除此之外几乎无他。但是除了极个别将国家权威置于标尺最末端（认为“国家根本不具有任何合法权威”）的人之外，每个人都面临以下问题：这种使国家凌驾于个人之上的权威是如何产生的？

其中一种答案历史悠久——在《格黎东篇》中我们已经读到了这种答案的一个版本，它认为这种权威源自个人与其所属国家之间订立的契约或协议。这是一个很自然的答案。一个人会同意并承认另一个人（在某个行为领域）拥有权威，因为他发现这样做（自己）能获得很大的利益，对这种利益进行回报亦然。大部分人会接受这样一点：只要在协议范围内，并且只要这个协议是自愿签订的，该协议便会使他人对自己行使的权威合法化。尽管这种答案很自然，但它并非唯一值得我们思考的答案。另一种答案认为强者理所当然拥有凌驾于弱者之上的权威；**只要**其行使是为了弱者的利益，这种权威便是合法的。打个比方，这就很能说明为什么父母能对幼儿施行权威。但是如果我们让弱者来评判自己是否从中受益，便相当于在说只有得到弱者承认，这种权威才是合法的。这样我们便回到一种类似“默认”的理论，正如雅典城邦和法律用来反对苏格拉底的理论一样（见前面第 22 页）。我们或者承认是强力使权威合法化（“强者即权威”），或者承认是上帝赋予某些人或机构权威（“王权神授”），否则很难避开这样或那样的契约理论。

根据对“谁与谁订立了什么契约”这个问题的不同回答，契约理论有几种不同的表现形式。既然我们在谈个人对国家所负的责任，我们可能会设想每个人作为个体一定都应该受契约约束（这似乎就是苏格拉底在《格黎东篇》中所表现态度的大致意思）。不过有些理论家在作品中认为前人或是社会的创立者才应该受契约约束，似乎这样就足够了。不过，先抛开上面这个问题不说，契约的签订是针对整个社会的吗（因而你也签订契约同意与整个社会集团的决定保持一致，因为你本人也是这个社会集团的成员）？或者契约是与某个或某些拥有至高无上权力的人签订的，而你是效忠于这些人的？你会发现这会在宪法方面造成巨大差别——从社会民主政体到君主专制政体。

那么究竟什么是契约？在什么情况下个人能够正当认定契约已经终止？托马斯·霍布斯（1588—1679）著名的契约论（在第八章我们还将再次谈到）认为参与契约的个人能合法要求的唯一好处是他们的生命受到保护，因为政府结束了未制订契约前的那种谋杀泛滥、偷窃成灾的无法律状态，并在受到攻击时组织人们进行自我防护。如果得不到这点好处，那么一切都免谈；反之，个人就得无条件地接受契约约束。

伊壁鸠鲁说过一句相关的话："一个人如果知晓如何有效应对来自外敌的威胁，必然会尽可能将身边所有的人组成一个大家族。"甚至霍布斯也赋予家族某种天生的豁免权，认为其可以置身一切人反对一切人的战争之外。在危难时期，家族作为一种组织最有可能团结在一起，是合作与忠诚的最佳典范。（有些读者可能认为这种观点已经过时——不过他们这样想也许是因为他们的生活比较舒适，或者说他们所在的地区生活比较舒适。）柏拉图曾为理想国家下过定义（见《理想国》），他实际上将家族排除在外——毫无疑问他见过太多的以家族为单位滋生的阴谋以及腐败。家族内部存在大量凝聚在一起的小团体，这必然会威胁到国家的权力及其保持和平的能力。如果需要有家族存在，那么最好只有一个——伊壁鸠鲁的话就表明了这一点，而国家（回头看《格黎东篇》50e 及其后内容）应被看作是所有人的父母。

证据和理性

如果具备一定的推理能力，那么你已经拥有理性。这种推理能力即在知道一定的真理之后，推断出如果这些真理的确为真，其他还有什么也可能是真的；也许还要推断出这种可能性有**多大**（尽管这样做需要更大的理性）。休谟在《论奇迹》中说智者根据证据的多少来决定自己信仰的深浅，理性就是这样一种大脑所具备的品性。

然而，形成正确的信仰并且恰如其分地相信其正确性，这并不是理性的唯一表现。一种熟悉的情形是当你想知道某件事是真实还是虚假（"这件事是管家做的吗？""家里还有面包吗？"）的时候。这时，如果你已经获得了理性，理性就会展现在

图 9 家庭之外，什么事情都有可能。这就是霍布斯所说的自然状态吗？（图中文字为："你答应要带我去朝克罗马农人扔石头的！"）

你的信仰中。同样，理性也会体现在你所寻找的证据中，而且在后者中的体现绝不比在前者中少。除了调查权之外，我们还拥有进行理性选择的能力：有需求就采取行动，使需求有可能得到满足。而且，虽然还有争议，但是我们的推理能力有时还具有另一个功能：**如果**我们拥有目标，理性并不仅仅告诉我们应该做什么，而且还告诉我们应该设定什么样的目标。这个棘手的问题有两种答案,每种答案都有一位重量级代表人物:康德断言推理能力的确能做到这些,而休谟则否认这一点。(我个人认为,休谟及其拥护者稍占上风,尽管争论还在继续。)不过本章中我们还是继续关注信仰和证据的问题。

信仰某事就要有证据,或是要能为之提供理由。为什么我们要关心这两点呢? 因为如果能找到证据,信仰正确的可能性就更大,我们也会更加确定自己的信仰是正确的。这两点都很重要。我们希望自己的信仰是正确的,因为信仰指导我们的行为,而在正确信仰指导下的行为总的说来更可能获得成功。(两个人都想要一瓶啤酒, 其中一人错误地认为啤酒在冰箱里,另一人则认为啤酒还在车上,后者的想法是正确的。比较一下他们的行为以及他们成功得到啤酒的几率。) 相信自己的信仰正确并坚持信仰,这样事情更容易成功,因为在这种情况下,我们根据自己的信仰行事,不会犹豫不决。

这些都是现实生活中的问题,是在任何时候都可能影响我们所有人的问题。另外还会有一些理论问题,关注的是我们在哲学中的自我形象:我们(在某些历史时期是我们中的一部分人)可能会从根本上把自己看作是理性的动物,认为在我们的生活中理性起着绝对重要的作用。长期以来,哲学家们都认为理性是区分人类和其他动物的重要特征。(在紧靠《论奇迹》之前的《论动物的理性》一文中,休谟就反对这种观点。)

理性在人类生活中起着绝对重要的作用这个观点十分含糊,因此它不属于那种能够被证实或完全驳倒的观点,尝试去证实或反驳是不明智的。不过还是可以讨论许多与之相关的内容。

第一个要讨论的是古希腊怀疑论中为人熟知的内容。假设你相信某事(称之为B),你问自己为什么要相信这件事。然后你开始寻找理由(称之为R)。这个理由R不能是你仅仅凭空构想出来的。你必须有理由相信**它**是真实的,这样它才能给你理由相信B是真实的。这个进一步的理由不能是事情B本身,也不能还是理由R(否则就是用相信某事来证实某事本身的存在,这似乎就相当于只是在重申这种信仰,即通常所说的"以未经证实的假定为立论根据"),而应该是其他——就这样重复同样的辩论。这就意味着信仰某事须有理由这一观点只在局部范围内站得住脚,一旦尝试从更大的范围考虑,该观点就无法成立:这些"理由"其实是由其他一些我们找不到理由的信仰衍生而来。为了圆满解答这个问题,已经产生了一个完整的哲学研究领域,即认识论,或称知识理论。

要补充一点:一些最根本的信仰,即那些我们赖以生活的信仰,是很难找到合适的理由的。举一个人们经常讨论的例子:我们总是相信事情会像以往一样继续,比如下一次呼吸不会让你窒息,迈出下一步地板不会塌陷,还有成百上千件其他类似的事情。我们凭什么相信这些呢?不要回答说这种类型的信仰几乎总是正确的。的确如此,但是这仅仅只是关于发生在**过去**的事情的一个例子而已,而我们想知道的是为什么我们期待将来事情也这样发生。

因此,如果我们认为人类的信仰可以变得彻底理性、完全透明、容易理解,或者说人类只要依靠推理就能生活,我们就会面临巨大的阻碍。但是人类的推理能力,即通过以往的信仰推断出并获得新的信仰的能力对我们来说至关重要,这一点是一直不变的。没有这种能力,除了躯体的形状之外,我们就没有什么可被称之为人的东西了。打个比方,一只普通的猩猩也比我们强。而实际上如果我们真的没有这种能力，猩猩也的确比我们强。

自我

第四章介绍了佛教中的“无我”学说。无我学说认为人不是一种单一的、独立持续存在的东西，而是一种复合体，一种由“五蕴”组成的、容易被化解的复合体，“五蕴”本身就是复杂的物体或情状。不过我们得出结论，认为自我实际上完全是由独立的物体聚在一起组成并且极不稳定，这并非仅仅受这种佛教传统观念的影响。另一种对我们产生影响的传统观点在现代西方被称为“心灵束理论”，这种理论几乎总被认为是由休谟提出的。（不过在笔者，即你们的哲学向导个人看来，很难肯定休谟的确是这么认为的，只是在这里我会绕开这个有争论的问题。）

因此，假设有一种单一的、独立持久存在的东西——你；只要你存在，这种东西就不变。这种东西在哪里？审视你自己的大脑，看看是否能感觉到这种东西。你首先会发现自己正在体验形形色色的知觉：视觉使你看到了周围的事物，听觉让你听到了周围事物的声音，也许还闻到一些气味；如果触摸旁边的物体，还能感觉到物体的反压力，物体的粗糙、温暖以及其他类似的感觉。然后还能感觉到一些肌肉在用力，身体在运动。所有这些感觉随着你自己位置的变化，以及周围事物本身的变化而不断变化。你也许还能感觉到脚微微有些疼，或者是额头有些疼；你也许还感觉到自己思绪的发展，可能是一组意象，可能是脑海里一系列零散、无声的句子。但是在所有这些千变万化、多姿多彩的复杂知觉中没有“自我”这种东西不懈坚持的痕迹。

那么为什么还要假设存在这种东西？这个，有人会说，很明显所有**这些**经历，即**我的**经历，在某种程度上属于一个整体。此外还有其他的经历，这些经历属于**你**但不属于我，这些经历同样组成一个整体，不过不是我的**这个**整体。因此肯定有一样东西，我，我的自我，拥有所有我的经历，但是不拥有任何你的经历。还有另一样东西，你的自我，拥有所有你的经历，但是没有任何我的经历。

支持知觉束理论的人回答说上述理由不能成立。要将自己所有的经历聚集在一起，并不非得是这些经历可以替代其他东西这样一种关系，也可以是某个关系网络，在这个关系网络中，所有的经历都可以**互相**代替（但是这些经历不能替代任何他人的经历）。试想许多碎纸片因为被钉在一起而形成了一个整体（自我为中心的模式），再试想一堆铁屑被磁化后互相吸引，因而形成了一个整体（束理论的模式）。

你可能已经发现上述观点（休谟 1738 年出版的《人性论》第一卷第四部分第六节反映出来的观点）与第四章中《弥兰陀王问经》作者的佛教观点有相通之处，但是两者也有区别，其中最根本的区别在于两者看待身体的态度。佛教毫不犹豫地认为身体（"物质形式"）是构成一个人的五蕴之一，而 18 世纪时休谟的观点则甚至懒得将身体排除在外，完全忽视了身体的存在。休谟作品中先是用了"自我"一词，然后用了"自我或人"的说法，后来又用了"思想"一词，似乎这三者显然是一样的。因此在休谟看来，"什么是自我（或人）？"与"什么是思想？"不过是用两种不同的方式来问同一个问题。这就是数个世纪以来宗教观念引发的思潮变迁。这种宗教观念深受柏拉图和新柏拉图主义的影响，关注灵魂和精神的东西，同时又贬低身体的东西。

还有一个重大的差别。面对一种哲学思想，质疑接下来会发生什么事情,即这种思想的支持者意欲何为,总是一件好事。我们看到,佛教徒是本着一种伦理的目的。“无我”理论会让我们生活更幸福,远离“罪恶之事”,更成功地躲避苦难。而休谟的目的完全不同,他的目的与伦理毫无关系,更多的是关于我们现代所说的认知科学。如果我们没有感觉到持续存在的自我,那为什么我们还能相信自己每天都是同一个自己呢?休谟提出了一种心理学理论来解释这个问题。(这种理论按照现代的标准来看相当幼稚,当然这并不让人感到意外。)

我们并不是在用两个人来代表两个时代。但是那先比丘所处的年代是求生存的年代,而休谟所处的年代是求科学的年代。既然两个时代的背景存在这样的差别,那么虽然两种思想很接近但所起的作用却大相径庭也就不足为奇了。这就直接引发了我们的下一个主题。

哲学与其历史语境

柏拉图与霍布斯生活的年代相隔两千年,两个人的出身不同,生活环境也不同,他们谈论的的确是同一件事吗?现代哲学家关于自我的提问还可能与休谟一样吗?更不用说比休谟更早的佛教徒呢?我们谈论哲学问题但并不提及问题的提出者以及提出年代,这样就能使这些问题成为永恒的话题,使任何一个年代的思想家都能谈论吗?这种想法在现代根本不可能流行。我们反复听到这样的话:所有的哲学思想都是“受环境影响”的,与思想家们当时所处的历史、社会和文化环境密切相连。

我当然不想建议大家相信一些永恒的问题一直存在,等待有人发问。但是,认为不知道发问者是谁就不存在任何问题或答案,这种观点也许更差,至少不比前面的观点好。这种极端的观点之所以吸引人,原因之一是它们很简单,带点"哦,是,是的——哦,不,不是的"这样的哑剧风格。真理往往位于中庸地带,而且比极端的观点更为复杂。你可以从多个角度切入这个话题,但是我选择这个角度:认为一个去世已久的人的观点为现代的论争作出了贡献,似乎这个观点就是在此时此地向我们提出的,这样做合理吗?我想是合理的,而且我甚至还有理由认为我们应该如此看待。但是我们同时还要谨慎,最重要的是关注我们可能错过的东西。

没有什么能阻止我们从古老的文本中抄袭某个句子,看看这个句子今天是否能为我们所用。如果我们还想抄袭其中反映的**思想**而不仅仅是句子,那么我们大概需要花点工夫来判断这个句子的意思是什么。如果我们不打算如此,那就不要期待从中得到太多,当然也就不能贬低这个句子的作者。但是尽管刚刚才讲到要避免做一些事情,我们往往还是发现这些事与我们关心的事有关,因为许多哲学思想都源自关于人类和人类生活的稳定不变的事实——不管怎样,在过去的三千年里这些事实都没有很大的改变。

发现某事与自己相关是一回事,发现某事让人信服又是另一回事。假设我们认为柏拉图的观点和霍布斯的观点都不够充分,不足以赋予国家无上的权力;这种假设有合理的地方:毫无疑问他们的论点不够充分。但是如果我们随后就放弃,将我们与他们之间的事情放在一边,我们就可能犯一系列错误。

其中一个错误是,尽管我们可能理解他们的作品,但我们并不理解他们**本人**——他们对需要怎样的政治思想这一点的关心,什么样的环境引发了他们的关心因而使得出的结论吸引他们自己。我们可能会因此忽略文本背后的人性,同时也会忽略另一个重要因素，即哲学是为了什么。而且任何时候如果无法确定他们的意思，弄清他们为何会这样说往往是解惑的一种有效方法。不关注他们的目的和动机，理解他们的话就可能有困难。

另一个错误是，如果我们不注意作品产生时哲学家的智力状况和情感状况，我们对其成就的理解就会受到严重阻碍。前面我就提出把哲学视为人类在感到困惑时回望来路的一种尝试。哲学可不是故事，对哲学家们所处的环境没有一定的了解就无法理解他们的哲学思想。

所以"这样对吗？"肯定不是我们应该思考的唯一问题。同样，仅仅因为这些哲学家生活的年代久远就全然拒绝质疑他们所说的是否正确、质疑他们的论点是否有说服力，也是不对的。毕竟柏拉图并不认为自己仅仅是为了那个时代、那个国家而撰写作品。相反，他一直努力将我们的注意力从暂时的东西转移到他认为是永恒的东西上来。如果没有认真尝试加以评判就否定柏拉图的那些进一步的雄心壮志，似乎就过于傲慢了(或者也许是自我保护？)。"你瞧，你瞧，他设计出他理想中的国家了吗？多聪明的小家伙啊！"

我希望现在你已经开始注意到一些鼓舞人心的事了。哲学著作也许浩如烟海，让人望而却步，但是真正的哲学主题却并非如此。我们承认，相对于这本薄薄的小书的篇幅来说，哲学这个话题是太大了些，但也并非大到让人无法入手。两千年间，我们在伊壁鸠鲁和密尔之间，在柏拉图和霍布斯之间，在休谟和《弥兰陀王问经》一书的作者之间，都发现了相通之处。问题并不在于熟悉这些重复出现的主题，而在于当不同的哲学家为了自己的目的用自己的方式阐释这些主题时，对他们思想的差别要有敏锐的洞察。这句话的意思是一个人对哲学的理解是日积月累起来的,而且可以积累得相当快。这对你们来说肯定是个好消息。

第六章

关于“主义”

无论是足球还是园艺，再到烹饪、登山以及人类遗传学，任何一个领域都有其专门术语。哲学领域当然也有术语，不过幸运的是大部分哲学术语根本不像看起来那么可怕。第四章中出现了“形而上学”，意指对事实的根本特征的研究（或看法）。第五章中出现了“后果主义”，凡是根据事情导致的后果，而不是根据事情的本质或发展历史来判断其价值的所有理论都可称为“后果主义”。第五章中还出现了“认识论”一词。认识论是关于知识、信仰以及其他密切相关的概念——如原因和解释的一个哲学研究分支。接下来我们再看一些术语，这些术语都是以“主义”结尾的。这样做不是临时抱佛脚，死背术语，而是想通过学习更多的术语使读者对哲学有更深的了解。

大部分以“主义”结尾的哲学词汇（如“后果主义”）都是涵盖很广的词，指代某种普遍的学说。涵盖广则用法灵活，这就保证了这些词能够不断出现，但这同时也会带来危害。最主要的危害就是人们会滥用这些词。不要以为你能说出某个哲学家代表什么“主义”，就能将这个哲学家划入某个派别。

乔治·贝克莱[1](1685—1752)的哲学思想是一种唯心主义的思想，黑格尔(1770—1831)的思想也是，但我从未听说过读其中一个人的作品会有助于理解另一个人的作品——两人的观点相去甚远。而与此同时，卡尔·马克思(1818—1883)肯定不是一个唯心主义者(唯心主义这个词在马克思主义语汇中实际上用得过于泛滥了)，但是马克思的思想在许多方面都非常接近黑格尔。学生在读马克思的作品之前得懂一点黑格尔，这个建议似乎是你能想到的建议中最明白不过的一个了。

让诸君了解涵盖很广的词带来的危害并举例说明之后，接下来就让我们从**二元论**[2]开始吧。二元论可以指所有承认有两种(完全)相对的力量或实体存在的观点，因此假设存在两种互相冲突的基本力量(一种代表正义，一种代表邪恶)的神学也被认为是一种二元论。不过二元论最根本的意义在于认为现实是由两种完全不同的东西，即精神和物质组成的，而人类则是两种东西都包含一些。从这个意义来看，二元论最有名的支持者大概是法国哲学家勒内·笛卡尔（下一章我们将谈到他的一些著作)。实际上，一些反对二元论的人(现在反对二元论的人很多)似乎想把一切责任都推到笛卡尔身上。(至少可以说，根据哲学发展史这种说法是站不住脚的——笛卡尔只是努力想找到足够的证据来证明一种**非常**古老的学说。)

二元论当然有其自身的问题，尤其是在将二元论与现代科

① 爱尔兰哲学家、经济学家、数学家、物理学家和主教。提出新的感觉理论，抛弃传统的物质实体的概念。他早先反唯物主义的论证，是立足于颜色、气味和其他感觉性质的主观性，而现在代之以对“存在”之意义的简明、深刻的分析。(引自《简明不列颠百科全书》第二卷)

② 原文为 dualism，中文既可译为“二元主义”，也可以译为“二元论”。——编注

学理论相结合的时候。一个棘手的问题是：二元论者所谓的精神的东西实际上做了些什么？一般认为我们的思想、我们的感觉、我们的知觉会影响我们的行为。如果我**心想**火车十分钟后出发，而我**想要**赶上火车，在**看见**一块写着“火车站”字样的指示牌时，我会朝我**确信**是指示牌指示的方向行进。这就意味着我的身体（物质的东西）朝某个地方移动，而这个地方在其他情况下我的身体是不可能去的。但是难道科学理论不认为所有物质事件的发生都是由其他物质事件引起的吗？如果确实如此，那么怎么还可能存在能导致我们身体移动的**其他**非物质的东西呢？二元论者大概只能咬紧牙关地说关于这一点，科学理论完全错了。因为如果他们同意在这一点上科学理论是正确的，如果他们承认（如果不承认就让人觉得奇怪了）我们所想、所感觉等等会影响我们的行为，那么得到的结论便是思考、感觉、感知等一定是**物质**过程。在这种情况下会再次出现同一个问题：他们所说的这种非物质的东西，即“精神”，到底做了什么？但是二元论者也不能**仅仅就说**科学在声称所有物质事件的发生都由其他物质事件引起这点上是错误的，因为这样做首先不能说服那些心存疑惑的人。他们会需要一定的理由来证明人身上有一些东西不可能是物质的。说到笛卡尔，就前面提到的这个问题，我们会从他身上发现一些二元论者可能持有的观点。

由此，你可能会想，如果说二元论就是认为存在精神和物质两种完全不同的东西，那么我们也许还能发现一种学说，认为只存在物质；或是发现另一种学说，认为除了精神之外别无他物。你说得完全正确。前者就是所谓的**唯物主义**，而后者被称为**唯心主义**（不是心灵主义），两种学说都有悠久的历史。

有明确文字记载的最早的唯物主义是古印度的物质主义，人们通常以当时最有声望的思想家之一加尔瓦卡[①]（顺便提一下，梵语中"c"读"ch"的音）称呼这种思想。如果你发现自己不小心犯了一个常见的错误，以为所有的印度哲学都是神秘主义的、都与宗教有关并且提倡禁欲，那么就记住古印度还有物质主义的思想。他们认为只有感知才能传递知识，无法感知的东西是不存在的。婆罗门教徒所认为的世世相传的永恒的灵魂是不存在的。人有一生，而且只有一生，要努力享受这一生。这种思想似乎流传了一千多年，但是不幸的是，我们当前对它的了解都来自反对者的著作。

古希腊的德谟克利特[②]（其生活年代与苏格拉底相近）曾提出一种理论，这种理论直到20世纪物理学改变人们对世界的认识之前，都是十分前沿的。这种理论认为宇宙是由许多微小的、在真空或虚空中运动的物质粒子组成的；这些微小的粒子被称为"原子"（atom）（源自希腊语，意思是不可切割的或不可切分的），它们以及它们运动于其中的虚空本质上就是世界的全部。这种大胆的猜想后来被伊壁鸠鲁（前面我们已经谈到过）及其追随者所采纳。不过关于这种理论，阐述最清楚的是伊壁鸠鲁的仰慕者、古罗马人卢克莱修[③]的著名作品《物性论》（或称

① 古印度"外道六师"之一。六师本身没有正式文献留传，只有一些与其对立、批判其学说，断章取义的片段。他们持唯物主义的观点，比如承认有我（Atman），也是由地、水、火、风、空五大元素组成，无外于物质世界之我，也无罪、福可得。（引自李志夫，《试分析印度"六师"之思想》，《中华佛学学报》第一期，1987，台北）

② 德谟克利特（约前460—约前370），在宇宙原子论的发展方面占重要地位的希腊哲学家。他用多元和运动来解释宇宙。

③ 卢克莱修（约前94—前55），拉丁诗人和哲学家。他唯一的长诗，即文中提到的《物性论》，表述的是希腊伦理学派创立人伊壁鸠鲁的原子论。

《宇宙本质论》,取决于采用的译名)。

你也许会认为唯物主义应该完全不同于任何一种宗教信仰——正如古印度物质主义者似乎证实的那样。但是要小心啊,有出人意料之事!伊壁鸠鲁学派相信神的存在,但是(为了使自己的学说前后一致)他们同时又认为神的身体是由非常精致的物质构成的。(神住在遥远的地方。他们的生活中没有麻烦,拥有神的绝对幸福;他们对人类的生活毫无兴趣。反对者们却认为虽然伊壁鸠鲁学派不承认,但是他们的这种观点其实是一种无神论。)

materialism 一词在日常语境中的意思(表示“物质主义”)与用在哲学领域的意思(表示“唯物主义”)则有很大的不同。“物质女孩”并不是指一个仅由物质构成的女孩,尽管从哲学的角度来看,如果唯物论者的观点正确,这个女孩的确完全是由物质构成的,她所生活的物质世界也是如此。日常生活中,有人因为物质主义而痛心,有人则享受物质主义;这种物质主义与哲学家眼中的唯物主义也不是完全没有关联的。麦当娜歌中的物质女孩宁愿选择物质而非精神上的快乐,在大部分时候她因为拥有物品、消费物品而感到快乐。日常使用的物质主义一词是指关注哲学意义上的物质,而不是关注精神或智力。马克思主义哲学之被称为辩证唯物主义,与其说是因为马克思认为除了物质世界实际上别无他物,还不如说是因为他认为人类生活中最重要、最根本的动因是物质,即关于社会是如何生产出物质产品的经济学事实。(“辩证”的意思我们将在第七章第 91 页谈到黑格尔的时候介绍。)

idealism 同样也是一个拥有双重含义的词。作为一个哲学术语,它被用来称呼否认物质的存在、认为存在的一切都是内心的或精神的这种观点，比如我们在前面提到的爱尔兰大主教乔治·贝克莱的观点。告诉我们只存在精神不存在物质的人最好接下来就解释一下，像椅子和山脉这些我们经常看到，又经常从中站起身或走下来的东西又是什么呢。据说，著名作家约翰逊博士在听说贝克莱的观点无法反驳后回答道："既然这样，我来反驳他"，然后就踢飞了一块石头。但是要反驳贝克莱并不是一件容易的事。（我使用"反驳"这个词是指要**证实**某事是错误的，而不仅仅是**用嘴巴说**该事是错误的——这个毫无疑问非常简单，而且每个人都能做到，尤其是像约翰逊博士这样一个富有见地同时又擅长表述自己观点的人。）

也许贝克莱的观点是可以被驳倒的，不过只有在我们能够以某种方式摒弃下面这种陈旧的思维方式的情况下才有可能。当我看桌子时，我真正看到的不是桌子本身，而是**桌子在我眼里的样子**。"桌子在我眼里的样子"描述的不是桌子而是我的想法，是我在看物体（不管它是什么物体）时产生的一种感觉。不管我跟桌子之间距离多远，也不管我是从多少个角度看桌子的，上面这一点都不会改变。即使我**触摸**桌子，也是一样——除非在这时，物体（不管它是什么物体）导致我身上产生了另一种感觉——触觉，而不是视觉。如果我踢桌子一脚（或是踢约翰逊博士的那块石头一脚），把脚踢伤了，那么这又是另一种感觉。不可否认，这些感觉在一起融合得很好。我们很快就能学会通过其中一两种感觉，准确预测其他的感觉将会如何——只需一瞥，我们就知晓接下来会发生什么。但是桌子本身，即真实存在的桌子，与其说是一个确定的事实，还不如说是一种**假设**，一种可以解释所有这些被感知感觉的假设。所以这种假设可能是错的——某种其他假设则可能是对的。贝克莱本人就是这么认为的，虽然部分是因为他相信自己已经证实了存在非精神的东西这种说法是含糊不清的。（在这里我不打算用贝克莱所谓的证据来烦扰各位。）因为贝克莱信仰一个仁慈、全能的神，所以他就将神（这里即上帝）的意志看作是产生感觉的直接原因，并宣称物质是多余的，同时也是模糊不清的。

在这个问题上，休谟又作了精辟的评论。他说贝克莱的论点“不容许有任何答案，也不能产生任何信仰”。贝克莱否认物质的存在——不管我们觉得要赞同他的观点是多么不可能，要找到证据令人相信贝克莱的观点**不可能**正确也是极其困难的。我个人也认为这样的证据无法找到——尽管我本人也不同意贝克莱的这个观点（听到我这样说你们并不会觉得吃惊）。

有些哲学体系（比如黑格尔的）被称为唯心主义并不是因为他们否认物质的存在，而是因为他们认为物质从属于内心或精神，内心和精神才是决定现实本质、赋予现实目的的真正因素。idealism（唯心主义）的这一用法与我们前面谈到的用 materialism（唯物主义）来称呼卡尔·马克思的哲学体系的用法是一样的。不过如果将 idealism（理想主义）[①]一词用于日常生活，它与 materialism（物质主义）就又不一样了。物质主义者始终关注的是物质产品，不是内心、精神或智力产品，而理想主义者并不是指那些总是关注精神却并不关注物质的人，它是指那些坚持自己**理想**的人。理想，从根本上来说，是**有关心灵的事**，因为理想是对现实生活中实际上无法拥有的一些境况的希望。但是如果生活状况允许，我们通过努力可以尽力实现这些希望。理想的这种精神属性将 idealism 一词日常使用的意义与作为哲

① idealism一词同时有“唯心主义”和“理想主义”两义，materialism一词情形相同。——编注

学术语使用的意义联系了起来。

还有另外两个以“主义”结尾的词我们可以经常听到，它们往往同时出现，而且被认为是一对意义相反的词。这两个词就是“**经验主义**”和“**理性主义**”。“二元论”、“唯物主义”和“唯心主义”属于形而上学(存在什么类型的事物?)的范畴，而“经验主义”和“理性主义”这一对词完全属于认识论(我们如何知道?)的范畴。

我们都会大致地将感知与思考区分开来，并且乐于这么做。看到桌子上的东西，发现一样是钢笔、一样是电脑是一回事，而想到这两样东西，并且想知道它们是否还能用、如果坏了怎么办，又是另一回事。我们已经习惯了这样的说法：天文学家得花很长时间凝望天空，数学家们则似乎静坐着就能计算出结果——他们根本不觉得有看东西的必要，当然他们自己写的东西除外。因此从表面来看，获取知识有两种完全不同的方式。有些哲学家选择其中之一而舍弃另外一种：“经验主义”就宽泛地指称所有推崇感知而舍弃思考的学说，而“理性主义”则指称那些推崇思考而舍弃感知的学说。

也许有一些哲学家认为只有能感知到的东西才能被理解，因此他们不允许任何认知能力参与思考、推理和论证。类似的观点亦见于古印度的物质主义。关于古印度物质主义，前面谈到唯物主义的时候我们已有涉及。

根据相关记载，古印度物质主义者的观点甚至更进一步，认为只有能感知到的东西才存在。如果真是这样(不过要牢记一点，所有关于物质主义的记载都出自其反对者之手!)，那么物质主义者肯定是超出了他们自己能力所及的范围。即使你认为知识只是能够感知到的东西，你也不能断言说凡是不能感知

图 10 每个学科都有自己的术语。(图中对话为:“我们得继续往下看了……,我无法理解这玩意。”书脊文字为:分保 /保险术语。)

的东西就不存在,因为这一点就不是你自己能感知到的。(这就相当于断言能**听到**这样的说法:凡听不到的东西都不存在。)

认为只有通过感知才能获取知识的经验论者并不一定是在表明,感知过程本身并不涉及任何形式的思考,这样我们就能够拥有可以说是纯粹的、未受到任何思考方式污染的感知。即使是看桌子、发现上面有一支钢笔,也需要你不仅仅是被动地看到进入自己眼中的光影图案。你得略微了解有关钢笔的知识,至少要知道钢笔是什么样的,然后运用这些知识,否则我们看钢笔就如同用相机给钢笔拍照一样,只是**看见一支笔**。感知的过程是解释性的,照相机则只能记录光影图像。因此更成熟一些的经验主义就允许分类、思考、推理和分析的存在,并允许它们各司其职，但是这种经验主义也会就分类、思考、推理和分析无法独立创造出哪怕一项知识这一点表明自己的立场。也许的确没有不涉及思考的感知，但是同时也没有不涉及感知的知识。所有关于知识的言论最后都只对感知负责，这些言论可能会超越感知的范围，但是它们必须从感知出发。

经验主义者能够提供强有力的证据为这个观点辩护，而任何一个可能的理性主义者也必然有自己的答案。感知的时候，我们与周围的事物进行一定的接触，周围的事物对我们的感官产生影响。但是如果我们试图完全脱离感知来进行思考，我们与所思考的事物之间又有什么联系呢？因为如果不存在这样的联系，则一边是世界，一边是我们在思考中忘了自我。这听起来似乎就是造成纯粹幻想的原因，也许在幻想的时候偶然也能得出一个有创意的猜想。下面就让我们简单看一下柏拉图、康德和黑格尔等三位具有强烈理性主义倾向的哲学家是怎样应对这个挑战的。

根据柏拉图的观点，理性告诉我们的根本不是直接与感觉世界相关的东西，而是关乎被称为理念或形式的永恒的、超验的实体：善的、公正的、平等的、美的。就事物“参与”到这些形式中，或就事物接近形式设定的标准而言，我们通过各种感觉感知的东西是善的、平等的，等等。但是理性又是怎样获得关于形式的知识的？柏拉图使用了古希腊哲学思想中一个很常见的观点（如果你采纳我的建议阅读了《裴洞篇》作为《格黎东篇》的补充阅读，现在你就会知道这一点）。灵魂在进入它目前所在的躯体之前就存在。在进入之前，灵魂就已经遇到了——柏拉图隐晦地提到了某些类似感知的东西——形式；通过理性的思考，现在灵魂又记起了那时得到的关于形式的知识。

康德比柏拉图和黑格尔更愿意向经验主义让步，他接受挑战的方式比较新颖，也比较激进。理性无法告诉我们所有不能感知的东西的情况，它只能大致告诉我们经验应该是什么样的。理性能做到这点仅仅是因为**经验是由大脑形成的**。理性在独立发生作用时，实际上只能告诉我们大脑是怎样活动的——这就是为什么理性能够做到它所做的这些事，而不需要依靠我们对世界上其他东西的感知。

黑格尔应对这个挑战的方法不能不说与柏拉图的方法相似，因为他也是首先提出一种思想体系或公理体系，这种体系被他统称为“理念”。理念推动了对全部事实的构筑，包括对我们的意识、我们思考的类型以及我们目前正在思考的其他事实的构筑。这也是为什么即使是在理性完全脱离感知独立运作的时候，我们也能期待理性与世界保持一致的理由。推理的主体和推理的客体共同拥有一个结构，即理念的结构。

上述三个例子告诉我们经验主义和理性主义之间的论争并非小事。从形而上的角度来说，一开始只是就这一点意见不一致的人到最后可能发展成水火不相容。当然我并不是说只有理性主义才面临困难，经验主义则无忧无虑。其实并非如此，接下来我们很快就会发现。

另一个常用的以“主义”结尾的词是**怀疑主义**。你当然可以怀疑一些非常具体的事情，比如奥委会的操作是否公正、不明飞行物是否存在、低脂肪食谱是否有用，但是“怀疑主义”一词如果出现在哲学著作中，往往指更普遍的一些东西：拒绝接受许多领域中关于知识的断言，或是怀疑许多种信仰。当然并不仅仅是怀疑它们的数量。要在哲学史上占有一席之地，怀疑主义必须要挑战人们真正坚持的信仰，而且必须是地位重要的信仰——攻击不毛之地是得不到回报的。

这就意味着有许多哲学思想在提出的当时是具有怀疑性质的，但是今天人们却不这样看待它们了。最贴切的例子就是葡萄牙哲学家兼医生弗朗西斯科·桑切斯[①]（1551—1623）所写的《为什么人们不能认识任何事物》[②]。要找一个比这个题目听起来更具怀疑态度的标题实在很难，但是标题之下所写的内容在我们看来与其说是怀疑主义的观点，不如说是对亚里士多德思想的猛烈攻击。文章中的观点在当时非常流行，但是现在人们早已不再信奉。怀疑主义者一旦获胜看起来就不再像是怀疑主义者了，更像曾经观点正确的批评家。

其他形式的怀疑主义为人所认同的时间则要长一些。这些怀疑主义思想攻击的是人们长期的信仰，或称日常生活中的信仰，即被称为常识的东西。笛卡尔《沉思录》开篇就出现了现代人最熟悉的这种类型的怀疑主义。根据笛卡尔所说，我们面对的是下列可能性的威胁：感觉不可靠，不能告诉我们任何关于世界的知识，甚至也不能告诉我们世界的确存在。不过我打算在下一章专门谈一谈笛卡尔，所以我们还是先追溯历史，回头看一看皮浪[③]学派吧。我们所知道的发展最成熟的怀疑主义哲

① 出生在葡萄牙，后定居法兰西。他信奉一种“推定的怀疑主义”，即认为数学的真理是不真实的，而亚里士多德的认识论也是虚妄的。在著名的怀疑论的论文《为什么人们不能认识任何事物》中解释说，因为感官的能力是不可靠的，而且不可能接触到事物的真正本质，所以真正的认识是不可能的。（参见《简明不列颠百科全书》第七卷）

② 原文书名为拉丁文。——编注

③ 皮浪（约前360—前272），通常被看成是怀疑主义的创始人。他认为任何命题的双方都可以提出相等的论据，所以他把寻求真理看成是一种徒劳的尝试。他主张采取中立态度，按照事物显现的样子去接受它们，无须作进一步的分析。（引自《简明不列颠百科全书》第六卷）

学就源自皮浪学派。他们的观点都见于一本书，塞克斯都·恩披里柯[①]的《皮浪主义纲要》。塞克斯都创作的鼎盛时期在公元200年左右。在书中，他详细记录了皮浪主义哲学体系的目的、论点和结论。多亏塞克斯都，这种思想的发展历史才得以完整记录。

早期的皮浪主义者非常努力。他们提出了十种"比喻"，也就是十种辩论的方法，来得出他们的怀疑主义结论：我们并没有充分的理由相信，不同于事物在我们眼里的样子，事物实际上是什么样的。面对"固执己见者"——他们使用的一个较为文雅的称呼，指宣称知道事物实际上是什么样的亚里士多德的追随者和斯多葛派——他们最擅长的策略就是先找到一种动物，对这种动物而言，事物看起来可能会不一样；或是找到其他人，在这些人眼里，事物看起来也不一样；或是找到一些情形，在这些情形之下，即使是在自称知道上述事物的人眼中，同样的事物看起来也可能不一样；然后再辩论说，除了随意选择支持某个观点、反对其他观点，没有其他方法可以消除这种不一致。书中有一段，塞克斯都认为没有理由特别看重事物在固执己见者眼中的样子而轻视事物在一只狗眼里的样子。读塞克斯都的书你有时会发现他使用一些可能会被怀疑论者视为不可靠的前提作为辩论的基础。也许塞克斯都和皮浪主义者们说话的对象并非总是世世代代所有的人，而只是他们同时代的人——他们

① 哲学家—历史学家（活动时期3世纪初）。他在《皮浪主义纲要》和《反对独断论者》两部著作中对希腊怀疑主义作了全面的记述。人们对他一生的详情大都只能猜测，只能肯定他是一位医生，并曾在希腊怀疑论衰落时期领导过怀疑论学派。（引自《简明不列颠百科全书》第六卷）

认为**他们**接受的观点当然也可以被用来反对他们自己。

现在经常会听到有人问,一种全面的怀疑主义能有什么意义——虽问其实非问,言外之意就是怀疑主义根本不可能有什么意义。但是皮浪主义者肯定认为他们的怀疑主义是有意义的:获得内心宁静,没有烦恼,心平气和。关于内心的宁静他们略知一二。如果你想坚持自己观点的正确性,那么记住这是要付出代价的:生活将是一场永久的智力战。如果这种战斗一直保持在智力层面,那么你就是幸运的,因为尤其是在宗教和政治层面,这样的战斗往往会以暴力收场。我个人认为皮浪主义者同样也认识到了其他一些东西:超越事物给我们带来的直接的感觉,关注事物实际上是什么样的;这项工作比他们同时代的人所认为的更为缓慢、危险,也更为累人。

皮浪主义者最常用的怀疑主义策略就是提醒我们事物看起来是什么样并不仅仅取决于该事物,还取决于**看该事物的**人当时的状态,以及事物**借以**显现的媒质。这就引出了我们要谈的最后一个以"主义"结尾的词:**相对主义**。相对主义并不专指某种学说,而是指一类学说——我或许该补充一点:这类学说在当今学界是非常时尚的。相对主义的基本观点很容易掌握。一个在道德方面持相对主义观点的人往往认为,没有纯粹的善(纯洁、简单),只有在这个社会是善的,或是在另一个社会是善的。一个在审美方面持相对主义观点的人会拒绝接受"某种事物可能就是美的"这样的观点,他总是要问"对谁来说是美的,在谁眼里是美的"。一个对何为美食持相对主义观点的人不会对菠萝是否美味这个问题感兴趣——他们感兴趣的是"谁,在什么时候,与什么一起食用时"菠萝才是美味的。一个在文学方面持相对主义观点的人不相信文本是具有意义的——最多是从不同读者对文本有不同解读，甚至也许是同一读者在不同时期对同一文本有不同解读这个意义上来说，文本才是有意义的。对何为理性持相对主义观点的人会认为关于理性的判断取决于文化的不同，他们得出的结论是（打个比方）用“西方”的科学标准来解释非洲传统中对巫术的信仰并宣称其非理性是不合理的。

这一连串例子说明了相对主义的一些特点。其中一个特点是，不同领域的相对主义观点在初期的可接受性是很不一样的。会有很多人认为相对主义的审美观很容易接受，有些人则认为我刚才所说的“美食相对主义”**显然**是正确的。至于什么是理性的要取决于文化，这是一种难接受得多的学说，正如道德观方面的相对主义观点也让人较难接受。但是要记住，这些学说并不认为在不同的社会中，“什么样的信仰被**视为**理性的”这个问题的答案是不同的，也不认为人们**承认**的道德体系是不一样的。这一点，无人怀疑。这些学说认为：**到底**什么是理性的、什么是道德的，这可能在不同的社会中有不同的答案，而这一点对人们来说绝对不是显而易见的。因此，如果听到有人在谈相对主义又没有说明是**关于哪方面**的相对主义，你就故意打个哈欠，同时又假装把嘴捂住。

这些例子还说明了另外一个很重要的特点。不仅仅是关于某种具体的相对主义是什么样的，而且还是关于这种相对主义是相对什么而言的：个人、社会、文化（有许多存在多元文化的社会）、历史时期，或是其他什么的。这些形式的相对主义和“美食”方面的相对观一样，可以合理地缩小到个人层面，因此具有一个很大的优势：与社会、文化和时代不同的是，个人的观点想法很容易界定。如果说欧洲人不可以用他们的科学标准来要求非洲人改变对巫术的信仰，难道他们可以用同样的标准来要求自己改变对巫术的信仰？或者只是要求**当代**欧洲人改变对巫术的信仰？想象一下你与这样的一个民族混居：他们经常性地遗弃婴儿，任其自生自灭，同时又不会受到任何良心的谴责。（的确存在过这样的社会。）这时你会不会简单说一句“哦，没关系。他们就是这么认为的，他们的道德文化就是这样的，跟我们的不一样”，就好像“他们说法语而我们说英语”一样？以往惨痛的教训说明许多人发现很难做到这样。

如果我给你们留下了这样的印象，让你们觉得用短短一个段落就能说清楚什么是道德和智力方面的相对主义，那么我这个哲学向导就当得不合格。不过要认识到一点，在某几个领域，相对主义会遭遇困难。因为从理论的层面来看，很难说清楚相对主义的观点赞同什么、反对什么；从实际的层面来看，在关键时刻又很难做到袖手旁观。

第七章

一些更重要的观点

个人的选择

在第二、三、四章我们分别详细解读了三部哲学著作。在本章我将再简单介绍一些我个人比较偏爱的作品。选择它们完全是出于个人喜好——如果其他人写这样一本书很可能会选择介绍其他作品。而且,这里也只能介绍一小部分。但是放心,还有很多其他的著作,实际上不管你读了多少,**仍然**有很多很多是你未读到的。

笛卡尔:《方法论》

在第二章,我曾说过柏拉图在《格黎东篇》中所描述的关于伦理的辩论似乎就发生在昨天,而他的宇宙论则能将我们带回一个完全不同于今的世界。的确是这样的——但是我们不需要回到柏拉图的时代,我们只要往回追溯四个世纪,回到 1600 年就行了。这一年实际上离哥白尼提出用新体系代替传统的托勒密天文体系已经有五十多年了。哥白尼将太阳移到了太阳系的中心,地球现在只是一系列相似的行星中的一颗,围绕太阳转动。但是几乎没有人相信他的话。这时候伽利略(1564—1642)还未开始公开为自己的观点辩护,而当他这样做的时候,也根本没有人相信他。

日心说的意义并不仅仅在于太阳取代了地球崇高的中心地位。事实根本不是这样的，因为我们今天所说的现代物理学认为中心位置并不让人向往：中心地带往往是低劣物质容易聚集的地方，我们几乎可以称之为太空垃圾场。相比较，其他因素远为重要。《圣经》中有些段落似乎坚持地球是静止的，而现在有个人根据自己的推理，不借助某个合适的权威，或者是无视权威，打算反对这些段落中反映的思想或者至少是重新解读这些段落。此外，不用说伽利略的观点，哥白尼的观点就与当时在大学中盛行的（新亚里士多德）物理学和宇宙论观点相抵触。

亚里士多德主义者认为最低劣的物质是土和水。土和水与空气和火不同，它们天生就努力想到达宇宙的中心，因此在那里形成了一个球状的聚合体，地球。（不管你多么经常地听到有人说，中世纪时人们认为地球是平的，事实都不是这样的。那时的人并不如此认为。）但是月亮、太阳以及其他行星和恒星上根本没有土和水这类物质，甚至也没有空气和火。这些天体是由**精华**——第五元素构成的，不会腐烂，也永不改变。这些天体只是围绕圆形轨道圣灵般安静地运行，永不停歇。现在新的天文学想要否定地球和其他天体之间的这种区别：不管从我们现在所站的位置来看、来感觉事物是什么样的，地球就是地球，在天空中存在；天体之间也并非完全不一样，它们和地球一样都是适合科学研究的对象。更重要的是，现代科学家想摒弃从本质和目标角度进行的解释，用粒子论，即物体是由粒子构成的，以及服从数学定律的机械因果律取而代之。

这一切表明了知识界同时在几个层面上发生了颠覆性的变化。这些变化常常被称为科学革命。这样命名体现了变化范围之广，幅度之大，但是却给人一种错觉，以为这些变化是快速进行的。这就难怪变化的同时还兴起了怀疑论，因为如果那些被人们所接受的、两千年来在科学史上处于优胜地位的最优秀的知识现在被认为是错误的，人们本能的反应便是轻视人类所有的知识，不再对知识作任何探索。

勒内·笛卡尔（1596—1650）认为亚里士多德主义虽然长期以来为大家所推崇，但却是一套错误的体系。怀疑论者也持同样的观点。不过与怀疑论者不同的是，笛卡尔同时还把亚里士多德主义看作是一种障碍：它阻碍人类去认识本质，就像怀疑论自身也阻碍人类认识本质一样。因此他构想了一个宏大的计划。（如果当时认识到自己的计划**如此**宏大，他可能会就此放弃这个计划，在自己思想发展的轨道上停下来——所以我们应该感到庆幸，他没有改变主意。）笛卡尔首先回到一个阶段，在这个阶段怀疑甚至不可能存在，然后按照显而易见的步骤重建人类的知识体系。在此过程中笛卡尔会竭尽全力排除怀疑主义这个障碍，也许同时还会排除亚里士多德主义，因为他并不希望自己的重建计划指向陈旧、犹豫的老路。然后他会利用科学发展的显著成果来说明人类智力的这个英雄性大逃避的价值：光学、物理学、生理学和气象学等领域在笛卡尔著作中都有所涉及。

《正确运用理性的方法论》[①]（1637）并非笛卡尔最重要的作品——他最重要的作品当然是《沉思录》（1641）了。但是《方法论》一书有一个优点：它利用很短的篇幅就能让读者了解到笛卡尔的主要思想。其中很重要的一点是，书中还对他整个探究

① 全称为《科学中正确运用理性和追求真理的方法论》，哲学史上简称《方法论》。——编注

计划产生的背景与动机进行了自传式的记录。

所以抽出一两个小时来——这很容易做到，从理解笛卡尔的烦恼开始切入，因为笛卡尔接受的正规教育使他感觉到“我没有得到任何东西，……只是越来越认识到自己的无知”，世上“不存在以前接受的教育引导我去追求的那些知识”。必须承认，他在学校学到的知识中有一些是有价值的。他也曾各用一句话谈到语言、历史、数学、演讲术和诗歌等学科的价值——虽然演讲术和诗歌“更大程度上是天赋，而不是刻苦学习的结果”。至于哲学，它的主要“好处”在于能让我们“在谈到任何话题时都能说出一套，从而赢得学问不如自己的人的敬佩”——经院派的亚里士多德主义哲学就有此功效。因此当觉得自己足够老的时候，笛卡尔马上就把哲学丢在一边，开始四处旅行，并参加了当时在欧洲爆发的激烈战争。也许实干家比学者能提供更多的真理，毕竟实干家判断失误所带来的严重后果会真真实实地落到他们自己头上，而学者判断失误并不会带来任何实际的后果，因此可以错而免罚。

笛卡尔在旅行时发现一点：各个地方、各个民族的风俗习惯差别很大——他尖锐地指出，哲学家的观点差别有多大，这种差别就有多大——因此最好不要相信任何只通过“习惯和实例”学到的知识。这个时候很多人（现代社会这样的人甚至更多）可能会因为悲观而走向怀疑主义或是因为懒惰而走向相对主义。但是笛卡尔不会。笛卡尔的反应是声称如果要避免生活在错误思想的指导之下，一生中就必然要有一次打碎自己整个的信仰体系，然后进行重建。他打算进行这样的尝试——而且是独自一人进行。

笛卡尔——毫无疑问还有许多不如笛卡尔那么善于表达

自己或不如他那么自信的同时代的哲学家——正在经历的这场大变动，得到了坚定积极的回应。这种回应大胆之至，不得不让人感到吃惊。也就是说，如果我们相信笛卡尔是当真的话——不过我找不到任何合适的理由认为他并不当真。在《方法论》一书的第二部分，我们可以读到笛卡尔努力安慰那些认为他可能是社会、政治和神学方面的改革者的读者："我所做的不会对任何大众习俗产生威胁，我所要颠覆的不过是我自己的信仰而已。"(他的尝试非常谨慎，也很出色，不过一点也不具有说服力，不是吗？就好像他不打算向任何人介绍自己创立的新体系。）接下来，在第三部分，他设法保证尽管他的信仰悬置未定，但是他的生活还照常进行，因为"在开始重建房屋之前，你必须为自己找个地方，以便在建房期间居住"。因此他只是模棱两可地支持自己身边最理智、最温和的观点或行为。如果他曾经阅读过塞克斯都·恩披里柯介绍古代怀疑主义者的书，他会发现自己的做法是在该书基础上的一个改进——古代怀疑主义者一直面对的是同一个问题，因为他们不打算重建一个新的信仰体系。

这种颠覆、打碎的过程是如何发展的，笛卡尔又将在哪里找到构建新体系的基础？第四部分开头，笛卡尔突然假装变得羞涩：也许他是应该绕过这些问题，因为这些问题"过于形而上，过于特别，不适合大众的口味"。不过后来他还是回答了这些问题。我们可以看到，第四部分简单扼要地介绍了他最有名的作品《第一哲学沉思》[①]。

首先，悬置所有你可能找到一丁点理由进行怀疑的信仰。

① 即《沉思录》。

（别费心去考虑这些理由是否真的让你**感到怀疑**——大部分情况下都不会，但是那可能就发生在你身上。）既然有时候你的感觉欺骗了你，那么考虑一下这种可能性：任何时候感觉都可能会欺骗你，实际上可能一**直**都在欺骗你——感觉不过是一场梦或是一种幻觉。那么你对自己目前正在进行思考这一点的确信呢，是否也是一场梦或是一种幻觉？以此类推，怀疑的确是有止境的，因为怀疑自己是否在思考也是一种思考——这种怀疑自己打败了自己。笛卡尔认为，如果我在思考，那么我必然存在——由此，我们就得到了那句著名的"我思故我在"。

你可能会疑惑，经过如此艰难的考验，可信的已幸存无几，笛卡尔将如何在此基础上进行重建呢。然而他并没有被这艰巨的任务吓倒。他已经发现他对自身存在的认识是完全可靠的，但是他可以怀疑任何其他东西，甚至自己的身体。因此他（他的意识、灵魂、自我）肯定是不同于身体的其他东西，没有身体也能存在。身体是一回事，意识又是一回事——这就是我们在第六章看到的著名的（也可以说臭名昭著的）笛卡尔二元论（第68页）。

下一步，笛卡尔认为他知道有一个完美的存在物，即上帝，从而引发了下面这个问题：他是怎样获得思考能力从而得出这样一个结论的呢？他在其他地方曾指出，如果你脑海中有一幅极其复杂的机器蓝图，那么我们要么认为你本人就是一位杰出的工程师，要么认为你是从一位杰出的工程师那里学到这些的。因此，既然笛卡尔知道自己是不完美的，那么他就承认关于完美存在物的观点并非源自他本人，而只能源自一个本身就完美的东西。他的观点是他的创造者留下的标记。

许多读者会觉得笛卡尔关于完美存在物的观点过于模糊、

不精确,也就是说,并不完美,从而并不需要笛卡尔之外的其他人来证实产生这个观点的原因。但是笛卡尔自己认为上帝的存在是已经被证实的,而且他还进一步认为:当他已经完全清楚自己的能力的时候,他所相信的必然是正确的。否则,原则上他所拥有的上帝赋予的能力就会误导人,这样上帝就成了欺骗者,因而是不完美的。因此如果怀疑论认为即便我们尽了最大的努力结果还是可能错误,那么就放弃怀疑论。

在第五部分,我们又可以看到笛卡尔的一些自我介绍。他开始介绍自己的科学研究成果。之前他曾“在一篇论文中花大力气解释这些科学问题。不过出于某些考虑,这篇论文没有发表”。这些“要考虑的因素”其实就是教会对伽利略著作的强烈谴责,这一点笛卡尔在第六部分有所说明(尽管他并没有提到那些名字)。在第六部分他提供理由说明自己为什么决定不发表这篇论文,以及为什么进一步决定在《方法论》中阐述所得出的部分结论。这些理由相当复杂,而且也没有完全消除人们对他的怀疑,即认为伽利略的遭遇把他吓坏了。

这时发生了一件不幸的小事。笛卡尔是一位出色的数学家,在物理方面表现也不俗。的确,17 世纪末,艾萨克·牛顿的成果遮掩了笛卡尔的光芒,尽管之前不久,也就是在牛顿四十岁之前,牛顿本人是赞同笛卡尔的物理理论并打算在此基础上进行研究的。不过笛卡尔为第五部分选择的主要例子是他所提出,关于人类心脏的工作原理的。这个理论在今天看来非常古怪、非常不切实际——他认为心脏比身体的其他部分要热得多,这就使心脏听起来好像是正在运行的蒸馏器(不过它蒸馏的是血。这可能会让一些读者感到失望)。

尽管有(或者部分是因为)这点小毛病,《方法论》仍是一部

图 11 作为生理学家的笛卡尔——可以理解，一位赤身裸体的笛卡尔主义者肯定会觉得有点冷。

内涵丰富、令人难忘的作品。在大约五十页的篇幅之内，这位现代思想的杰出创始人与自己，与亚里士多德主义、怀疑论、学术界的回应、公众舆论和教会观点、物理学、宇宙学以及生理学等进行较量。这个我才能称之为真正的哲学大餐。

黑格尔：《历史哲学》绪论

在第六章，我们已经提到格奥尔格·威廉·弗里德里希·黑格尔(1770—1831),虽然所用篇幅很小。黑格尔在哲学史上具有深远的影响;下一章,即本书的最后一章,我将举两例来说明其影响之大。不过这两个例子虽然很重要,也只能略微反映黑格尔现象的一鳞半爪。而且黑格尔的反对者们建立了两个非常重要的流派:其一是由丹麦思想家索伦·克尔凯郭尔发起的存在主义;其二是分析学派,在英国的代表人物是摩尔、伯特兰·罗素,另外还有年轻的路德维希·维特根斯坦。为了让人们不再关注黑格尔哲学,这些重量级哲学大师提供了其他的替代选择,但是产生的效果却只是部分的、小范围的、暂时的。

而且,在这里介绍黑格尔的作品还有一个理由。到目前为止我们谈到的哲学思想几乎都是从相对普通、日常生活中所考虑的一些问题出发的。(苏格拉底:如果按照朋友建议的做,孩子们会怎样?休谟:不能总是相信其他人告诉你的话。笛卡尔:权威之间意见如此不一致的时候,除了回归基本原则、重新开始,我们还能做什么?)但是黑格尔在《历史哲学》中的观点却不同。他的观点源自对事实以及推动事实发展之力量的宏大构想,此乃厚实、持久的形而上学。

人们常说黑格尔的作品非常难懂。这点我不否认——随便翻到哪一页从头读到尾,你可能会觉得还不如倒过来,从尾读到头。但是对刚接触黑格尔哲学的人来说,最有用的经验之一就是发现,如果事先就了解形而上学的基本概况,那么读黑格尔的作品就会容易得多。整体的概况图是关键,所以我们就先设法了解一些基本概况。还记得在第一章我就警告过大家,有些哲学思想可能比较神秘古怪。读《历史哲学》绪论之后,你会发现黑格尔的思想并不那么神秘古怪,即使你可能还是一个字都不相信。下面我们就来谈谈《历史哲学》绪论吧。

我们从一个被称为“理念”的概念开始。试着将黑格尔的理念比作柏拉图的理念——一个抽象的公理体系，世界上的事物及事件都从这个体系中获得形态和本质。但是黑格尔的理念与柏拉图的理念有两个重要区别。第一，黑格尔的理念是一个结构严密的体系。在某种意义上，它的结构是**不断发展的**。我说“在某种意义上”是因为“理念”的产生并没有时间先后，不是一部分接着一部分产生的。黑格尔的学说认为理念体现了思想的自然顺序，因此思及一个因素不可避免地促使大脑考虑另一个因素，对这两个因素的考虑又导向第三个因素，如此发展，直到最后形成整个体系。

第二个重要区别是，柏拉图在谈到理念时似乎是把它看作独立于其他东西而存在的，黑格尔的理念要存在则首先必须有某种东西来体现它，因此必须存在“自然”——我们周围存在的非常熟悉的具体事物的集合。并且因为自然的存在是为了体现理念，自然就反映了理念所有的特征。理念体系中“发展”的意思是比喻性的，而在不断变换模式的自然中，“发展”是直接表现出来的。

因此理念和自然是紧密相连的：自然是理念的一种形式，理念也是自然的一种形式。但是，与此同时两者又有很大的区别，你甚至可以认为两者是相对的。理念是抽象的，既没有时间性，也没有空间性；自然则既有时间性又有空间性，并且是具体的。理念是由公理、基本概念组成的，自然则是由大量的具体事物构成的。自然是物质的，理念当然不是。现在黑格尔利用这种情况——存在两种相对的概念，但这两者在某种意义上却又是一样的——作为出发点，作出了一个典型的黑格尔行动。

假设你想知道有关自己的事情，比如关于这个问题或那个问题你事实上是怎么想的，你会坐下来沉思，并努力回忆起曾经的想法吗？不——你只会认为自己看见了曾经想看的任何东西。你应该做一些事情，制造一些东西，写一些东西，总的来说就是创造**一个能表达你自己的东西**，你自己的作品——然后看这个东西。它能告诉你自己的情况。

好建议，但是并不新颖。（"通过我们的作品可以了解我们自己。"）但是黑格尔现在使用这句话的方式却让人大为吃惊（也相当难懂）。记住，他认为自然是理念的具体表现。因此理念面对的是**它自己的作品**，时机已经成熟让它开始了解自己。这样就产生了黑格尔所谓的 *Geist*，通常被译为"精神"——知觉、意识。人类的大脑是精神的载体，不过大脑中真正发生的是理念逐渐做到了完全了解自己。（是的，我曾经告诉你这就是我所说的高层次的形而上学。）接下来还有更多：黑格尔认为事实的所有目的都在于此，都在于理念最终应该完全了解自己的本质。这一点我们人类也会做到，通过我们的大脑做到。没有一个哲学家曾赋予我们如此显赫的地位。事实上，可能存在这样的一个哲学家吗？这是人类对自我的最高评价。

那么历史又怎样呢？只有当有意识的生物出现，只有当可被称为文化的东西出现，即我们已经达到了黑格尔的第三个阶段——精神或 *Geist* 的阶段时，历史才真正开始。促进历史发展的是理性、理念：黑格尔坦率地宣称这是既定的事实，是哲学（他自己的哲学）业已表明的东西。在历史中，理念找到了自己合理的目的。

如果你觉得这种观点过于陌生，那么记住：大部分黑格尔的读者会认为这个观点很熟悉，与他们从小被教育要接受的观点非常接近。天意在起作用。在所有平淡的生活琐事背后，上帝正在实现他的目的。尽管困难重重，善正在击败恶。一切都是为了精益求精。这个观点是我们所有人都熟悉的，包括那些蔑视该观点的人。黑格尔对这个观点的描述之所以让我们觉得陌生，首先是因为他为"精益求精"所下的定义——理念，即驱使所有一切发生的力量，最后完全了解自己的本质；其次是因为他对于是什么在驱使一切发生这个问题的描述过于深奥——不是某个人格化的神，也不是神化的超人，而是理念，一个类似柏拉图的形式的体系。黑格尔年轻时曾学过神学，他非常清楚怎样将自己的观点通过正统的基督教故事的形式表达出来（实际上，他认为自己在此基础上有所提高）；他会利用最合适的圣经故事进行宣扬——往下读你很快就会发现这一点。

但是，历史肯定是在人类行动的促使之下发展的吗？人类有人类自己的计划、自己的利益和动机——有一件事人类**不会**努力去做，那就是确保理念最后完全自我了解。（人类怎么可能会这样做呢？大部分人甚至从未听说过这一点。）那么在这里我们就遭遇了一个著名的学说：理性的狡黠。虽然人类不知道，但是理念（或理性）确实在起作用，影响人类并指引人类朝理念自身的目标发展。

那么是否存在一种外部力量，就像古老的命运女神一样俯视我们，操纵着我们的生活？不，黑格尔的观点比这更微妙，并且不像这样带有迷信色彩。记住，在黑格尔的宏大计划中，我们的大脑确实体现了理念，但我们并没有明确意识到这一点。（想一想，基因中"包含"着发育成熟的有机体——黑格尔非常赞同生命体的比喻，但是有机体的样子只有在生长、发育过程中才能逐渐显露出来。）正是因为在我们的内部存在理念这个东西，尽管它不为人知却起着积极作用，我们才能有意识地追求我们有限的个人目标，同时又真正为理性服务。

理念，在这个阶段被称为精神或*Geist*，通过“世界历史名人”（你在历史书上看到的名人）的意志，指引历史发展的方向。这些名人对精神需求的感觉比同时代的人要超前一些，他们对事情现状的不满要略为尖锐，也略为集中一些。黑格尔对他们的描述是（千万别让任何人告诉你黑格尔不擅写作）：“他们在现存的平稳而有规律的体制中找不到目标和职业……他们从其他源头获取灵感，从虽然时机已临近但仍在伏匿之中伺机爆发的隐藏的精神中获取灵感。”这些人是领袖，他们改变世界，统一国家，创建帝国，设立政治机构。而且一旦事情出现新状况，社会或国家面对的就是某种由它自己创造出来的东西——促进自我了解的状况，要记住——而且社会或国家对自己真正的志向会更清楚一些。

此外，社会或国家对自身带来的问题的了解也会更深。首先，从一种状态到另一种状态的转换很少是一帆风顺的，往往伴随着冲突和争端。黑格尔所谓的“现存的平稳而有规律的体制”总是有吸引力的，尤其是对那些未能潜在地意识到精神的下一步行动的人来说。这些人就成了保守分子，他们抵制世界历史名人为寻求改变所作的努力；他们遭到那些意识比他们略为成熟的人的反对，这些人聚集在领袖身后，因为他们意识到新的发展方向是正确的。

然而，这个新方向只是在**现在**是正确的。记住，我们由之开始的奇怪之物——理念从比喻意义来看是发展的。任何存在或发生的事情都反映了理念，这其中当然也包括历史。历史展示了理念的“发展”，不过在这里“发展”不是比喻意义上的。如果你读过黑格尔的《逻辑学》（不过警告你这本书非常难啃），你会发现，理念的发展总是伴随着相对的概念之间的冲突。但是冲突得到解决之后，这个解决方法本身又发展出一种反对意见，这两者之间的冲突又得到解决，如此反复，直到整个体系日臻完善。因此，在政治领域也是这样的。冲突促使新秩序出现，但是没过多久，新秩序本身就出现了问题；新的冲突的种子已经蕴藏其中。一旦种子成熟，这个新秩序也会随之被摧毁。你可能会发现黑格尔用来支持所有这些观点的形而上学夸大其词、缺乏根据且混乱不清，但是当黑格尔将形而上学与人类历史相结合时，得到的结果肯定并不愚蠢。这种发展脱胎于冲突的观点就是所谓的“辩证法”。辩证法贯穿黑格尔哲学的始终，同时也是马克思主义哲学的重要特征，这也就是为什么马克思主义哲学常常被称为“辩证唯物主义”的原因（参见第 71 页或第 122 页）。

注意，在这种情况下个人并不舒服。理念将走向完全的自

图 12　冲突孕育出进步：攻占巴士底狱。法国大革命爆发时黑格尔十九岁——革命给他留下了深刻印象。

我了解，这必须通过人脑来实现，因为人类的大脑是周围唯一的介质，但是理念却丝毫不关心人类的大脑。一旦个人完成了他的使命，历史就将其抛弃。甚至对于世界历史名人来说也是如此，或者说更是如此："一旦他们的目标达到了，他们就如同空皮囊似的倒在一边。"尤利乌斯·恺撒完成了他的那点使命，然后被暗杀。拿破仑完成他的大业，之后被打败、俘虏，最后被送到厄尔巴岛上慢慢等死。个人就是可有可无的工具。我们认为上帝爱每一个人，但是只要我们当中还有一些人在从事理念的事业，理念就不可能比上帝关心我们更少。因此很难看到有一天黑格尔主义会成为大众流行哲学，尽管它影响巨大。

查尔斯·达尔文：《物种起源》

从这本妙趣横生的书中我们能学到的第一件事就是，不要过多关心在哲学和科学之间划出分明的界线。问题并不在于这条界线不够分明，尽管我个人认为界线确实不够分明。问题在于这条分界线（如果存在的话）对哲学来说并不是很重要。无论划分这条界线的方法多么合理，达尔文的《物种起源》都是关于科学的，更确切地说，是关于生物学的。但是，由于书中探讨的主题与表述的观点，这本书在哲学史上的影响很少有其他书能出其右。书中暗含了一个关于我们人类以及人类如何成为现在这个样子的惊人的论点。今天这个论点也许并不能让我们感到吃惊，但是在当时，它却让大多数人大吃一惊，甚至是惊骇。还有相当多的人则努力想做到一件很难完成的事——在反对这个观点与不表现出无知和偏见这两者之间进行平衡。

在某种意义上，《物种起源》一书不仅仅是"暗含"了一个惊人的论点，该书还为这个论点提供了一个精心建构的案例，并且使用大量经过认真考证的证据来支持这个论点。达尔文并非第一个提出自然选择理论的人(在《物种起源》绪论中,达尔文简单介绍了这种理论的发展历程),但是他是第一个收集了如此多的证据,并且坦诚面对这种理论所面临的困难的人。物种是不断变化的,一个物种是从其他物种进化而来的,甚至人类也不例外——这个观点在1859年之前很容易反对:只要说“我反对”就行了。因为这个观点与你其他的(坚定的)信仰冲突,因为许多专家都反对这种观点,而且也没有严肃合理的证据来支持这个观点。但是到了1859年之后,这样做就完全不容易了——虽然这时还是有许多人没有注意这个问题。

然而,从另一个角度来看,“暗含”是最确切的词。因为达尔文(在书中)并没有突出自己的观点,认为人类和其他物种一样都遵循同一个基本理论。读到或是跳到最后一章,读者会发现,在最后一章作者出于谨慎单独安排了两到三个不可能弄错的句子。如果没有读过最后一章,那么就请保持沉默。人们的一个共同的错误就是称这本书为《物种起源》,似乎认为书中谈论的物种就是我们人类。当然不是:书中几乎没有谈到人类。

但是用了很大的篇幅来谈鸽子。实际上,第一章有一半是谈鸽子的。以鸽子为例非常适合达尔文的策略:使论述始自一个毫无争议的观点,那就是通过选择,即由育种者决定哪些鸽子可以与哪些鸽子交配,品种可以得到改良。(书中还用了大量的篇幅谈到牛、羊和赛马,也提到了获奖的大丽菊。这样做并不让人感到吃惊。)但是这些并不足以达到达尔文预期的目的,因为有人完全可以回答说育种者引起的变化只是微乎其微的。由此,虽然人类的行为使品种发生了改变,但是鸽子的品种如此繁多,它们一开始必定是由各自所属的那个品种的鸽子发展而来的——它们之间的区别太明显，所以不可能是同一品种的鸽子的后代。真的如此吗？

到这里达尔文的判断能力发挥到了极致。他并没有努力去**证明**自己的观点是正确的，他只是表明，任何一个反对者都将有很多话可说。如果扇尾鸽有一个老祖宗，那么现在在野外哪个地方能找到呢？这个老祖宗也许已经灭绝，也许生活在某个偏远荒芜的地方。那么鸽迷们痴迷的属于其他品种、具有鲜明特征的鸽子呢——它们的野生亲戚又在哪里？在这些品种的鸽子中，我们偶尔能发现一些个体，它们的羽毛颜色繁复，与现在**的确**存在的一种野生鸽子非常接近——关于这一点又怎么说？是不是这样：今天所有这些具有鲜明特征的品种它们的祖先都有同样颜色的羽毛（虽然它们属于不同的品种），现在它们的祖先要么已经全部灭绝，要么至少到目前为止人们没有再见过？哎呀，哎呀，真是太让人吃惊了……

因此如果人工选择能够在相对较短的时间内产生如此巨大的效果，那么是否存在一种自然选择的原则，在漫长得多的时间内会产生同样程度的效果，或者产生的效果要大得多？是的，因为在许多个体获得繁殖能力之前，"为了生存而进行的战斗"（关于这个问题达尔文用了一章的篇幅，写得非常有趣）就将它们淘汰了。一只扇尾鸽只有被育种者注意到时，才有可能与其他鸽子交配。一只野生的鸽子则必须在生存之战中存活下来，直到进入成熟期，才可能进行交配。在这两种情况之下，被选中交配的理由完全不同。在第二种情况下，是承受当地环境/生态状况的能力。如果环境/生态状况更加严峻，选择的过程虽然高效但会非常残酷。

一旦这样的想法使我们相信重大的变异可能发生——实

际上确实有可能，那么当我们想起这些选择过程也许在一段长得无法想象的时间内曾一直重复着（达尔文年轻时期，地质学家们就已经开始意识到这一点），我们就会突然意识到一些不同的观点，正如达尔文在数量很少的专门谈到人类的句子中的某一句里所说：人手的骨骼构造与蝙蝠的翼、海豚的鳍、马腿的骨骼构造是一样的——长颈鹿脖子上的椎骨数与大象脖子的椎骨数量是一样的……这些立刻就说明了动物的血缘理论。变化虽然细微缓慢，但却是持续的。

19 世纪时人们对进化一词充满热情，对此黑格尔的哲学思想提供了巨大的动力。这使得许多人倾向于将达尔文看作是这种进化运动的一部分。实际上，与他同时代但又比他年轻的赫伯特·斯宾塞[①]（1820—1903）才是真正倡导这个运动的。他的思想比达尔文要形而上得多，甚至有些黑格尔化。他创造了"适者生存"这个被过度使用的词。人们很容易将这个词的含义理解为那些在生存之战中存活下来的比那些未存活下来的要优秀。斯宾塞本人似乎就是这样理解这个词的，因为他以进化为名义反对任何可能减轻战斗严峻性的东西，比如社会福利制度。

这种思想很快就发展成一种理论趋向，被称为社会达尔文主义。这样命名是不合适的，甚至带有诋毁的意味。达尔文从未得出这样的结论，他也不可能去作这样的推断，因为这样做毫无道理。在达尔文的体系中"适者"一词仅仅意味着：在当时可

① 英国哲学家、社会学家、早期的进化论者。他早于达尔文提出进化观点，但认为获得性可遗传，之后才接受自然选择说，1864年在《生物学原理》中创"适者生存"的提法。（引自《简明不列颠百科全书》第八卷）

图 13 维多利亚时代的漫画家们所钟爱主题的另一变化形式。达尔文所提示的思想很难被很快理解。(图中文字自上至下分别为：伦敦素描；达尔文教授；这就是猿猴的形象——《爱的徒劳》第五场第二幕；四到五个后代——《皆大欢喜》第三场第七幕。)

得的条件下，最适合的才能生存（以及繁殖）。这个词与道德、智力以及美学上的优越性毫无关系。没有“在当时可得的条件下”这个附加条件，该词毫无意义。如果这些条件发生了变化，曾经的“适者”就会成为明天的毫无希望者。像斯宾塞这样将自然选择的概念应用于社会生活导致了许多问题，其中之一是人类社会如果发生变化，产生这种变化的条件也很容易因此发生变化。内燃机比马车更“合适”吗？在某种意义上是的，但是必须在内燃机没有将世界上的石油耗尽的前提下。

不过这并不意味着不允许达尔文的思想改变其他任何人对任何事物的看法——绝对不是的。下面举一个例子。文学评论家、很受欢迎的基督教神学家C.S.刘易斯[1]曾经发现自己因为人类的性冲动而哀叹（尽管我能肯定哀叹不止一次[2]）。他写道，如果有机会，我们中大部分人都会吃得很饱，但是不会饱得过分；而如果一个年轻人有性欲时就放纵自己，每次放纵带来一个婴儿，那么在很短的时间内他的孩子就能住满一个村子。刘易斯总结道，这就表明我们天生的性欲已经变得多么变态。

但是在你斥责自己是个罪人，并开始为男性失去原先的纯真而痛惜之前，先考虑一下达尔文的教训：我们在这里看到的不是扭曲的自然，而是自然本身。自然并不关心要按照我们或任何其他人的道德准则来构建这个世界。一般说来，男性性冲动的强度以及频率是决定其孩子数量的主要因素，几乎没有其他的因素比这更重要了。因此如果性冲动本身就是男人遗传给他的许多孩子的，这种冲动显然就是自然选择过程中被选中并

① 英国学者、小说家。著有约四十部作品，大部分宣传基督教教义。（引自《简明不列颠百科全书》第五卷）

② 原文中表示“曾经”与“一次”的为同一个词once。——编注

得到改善提高的一种特征。如果说今天大部分男性都拥有性冲动,那么这是理所当然的,当然也不需要开始谈论人类的堕落、变态和道德败坏。或者,也许一些人所说的原罪实际上是这样的一个事实:进化过程创造出来的——注定要创造出的——与他们设想中的理想人格不一致。

顺便说一下:不要担心刘易斯所说的那些住着几百个同父异母的兄弟姐妹的村子。只有当现实生活像生产流水线一样源源不断地为我们这位年轻的大众情人提供女性,而且这些女性个个都心甘情愿,都具有生育能力,都还未怀孕,并且都与其他男性没有瓜葛、不至于招致那些好斗的男性将他撵走的时候,这样的村子才会出现。委婉地说,我们可以相信自然界中发生这样的事情的概率非常小。C.S.刘易斯的想象完全是脱离事实的。

这个例子很具体,相对来说也较为微小,但是你很容易看出达尔文主义是如何改变一个完整的哲学体系的,比如我们刚刚谈到的哲学体系中的一种。对笛卡尔来说,理性是上帝赋予我们并保证每人都拥有的一种能力,这也是为什么笛卡尔能够依靠理性来告诉我们精神和物质的本质以及其他许多东西的原因。但是如果相反,他认为理性是一种天生的工具,理性之所以发展是因为它(已经发展到了这样的程度)使拥有理性者比其他人更具有竞争优势,那又会怎么样呢?到这时,他是否还会认为我们能够确信理性表面上告诉我们的关于这些问题的答案都是正确的?如果我们能够这样认为,他又怎么证实这一点呢?相信**上帝**不会欺骗人是一回事,以下看法则是另一回事:既然推理能力在处理实际问题时给我们带来了这样的优势,那么在回答精神是否是一种独立存在的物质这样的问题时,推理能力也不可能使我们毫无希望地误入歧途。是否我要相信因为理性能很好地帮助我们求生存,它就必须也要擅长形而上学?为什么这一点必定是正确的?如果笛卡尔生活在达尔文之后(请原谅我这样荒谬地拿历史事实作假设),笛卡尔哲学的基础就势必完全不同,而如果基础差别巨大,上层建筑又怎么可能一样呢?

尼采:《论道德的谱系》

"哲学家是可怕的炸药,其本身毫无安全可言"——这是到目前为止我们听到的(第3页)德国哲学家弗里德里希·尼采(1844—1900)所作的唯一一句评论。他不打算让他的读者轻松愉快地阅读,同时代的人为了保护自己则拒绝读他的书。但是他死后不久潮流马上就变了,尼采成了对20世纪哲学思想产生重要影响的哲学家,尤其是在欧洲大陆。

《论道德的谱系》于1887年第一次印刷出版,全书包括一篇序言和三篇文章,每篇都由带编号的几部分组成,非常方便阅读。**不要**跳过序言,也不要漏掉第一句:"今天我们知道的如此之多,但是关于自己我们知道的又如此之少。"此时,欧洲思想史上的一个重大变化正在发生。长期以来人们一直认为,不管现实的其余部分可能让我们感到多么困惑、模糊,我们至少能够说出我们内心正在想什么。但是到了19世纪,这种想法很快开始式微。在黑格尔对历史的理解中我们已经可以看出端倪:*Geist*(精神)的力量在我们身上起着作用,尽管我们自己根本不知道或者只是稍稍有些意识(前面93页)。尼采之后十来年出现了西格蒙德·弗洛伊德(1856—1939)。弗洛伊德创立了精神分析学派,提出了无意识理论,认为我们精神生活中最重要的动机是隐秘的，我们自己根本不知道。了解自我不再是简单快速地回顾过去，而是要进行艰苦的工作，并且不能保证你会喜欢你所发现的东西。

也不要漏掉序言的第三部分。你是否听到过与之类似的一些观点？这部分让我想起笛卡尔《方法论》的第一部分：十几岁的时候，这位未来的哲学家就被怀疑论所吸引，开始怀疑比他年长的人向他灌输的知识（前面 78 页）。笛卡尔怀疑的是大学里的新亚里士多德主义，尼采怀疑的则是 19 世纪的基督教信仰。这些思想是否真的如同周围人认为的那样不证自明？笛卡尔想要探究他被教导的这些“真理”是否正确，尼采则认为是时候让某些人质疑这些“价值观”的有用性了。尼采的方法是探询这些价值观的历史发展，它们的家谱，尼采称这为“谱系”。这些价值观源自何处，人们是怎样开始相信这些价值观的？为什么人们会相信这些价值，或者换句话说，这些价值观能为持有它们的人做什么？

关于这些问题，人们通常的反应是说：某件东西的价值、某件东西值多少，这取决于它**现在**的样子。它是怎样变成现在的样子的则是另一件事了。因此尼采的问题是错误的。不管他的回答多么圆满，这个答案都无法告诉我们自己的价值观的价值。如果认为可以，那么就是犯了“谱系上的错误”（为你逐渐积累的哲学词汇再增加一些术语）。

但是这种批评完全公正吗？我并不这样认为。当然也有这样的情况：我们对某样东西的价值判断与我们相信这样东西从何而来是密切关联的，如果我们的这种确信变了，我们对这样东西本身的价值判断同时也会受到影响。实际上，我们刚刚才看过一个非常重要的例子，这个例子对尼采来说也非常重要，即达尔文主义影响了我们对自己的看法。对许多与达尔文同时代的人来说,上帝决定按照自己的模样创造人类,人类就产生了。而我们实际上是由较低级的动物,比如猴子,经过一个显然具有风险的过程进化而来的,而且这种进化也很可能不发生——这个观点并不仅仅是一个新发现的需要我们接受的事实,就像存在另一颗以前未被发现的行星一样。这个观点就好像是在人类脸上掴了一巴掌,人类尊严全无,人类对自身价值的判断全错——这就是为什么当时人们坚决抵制这种观点,并且直到现在还有人反对的原因。因此有一点毋庸置疑:在合适的条件下,谱系学就如同尼采所说的炸药一样——下面我们接着再谈关于道德价值观的问题。

曾经有许多人相信,现在还有一些人仍然相信,各种道德价值体系拥有同一个源头:它们都是直接由上帝传递给人类的。尼采虽然来自牧师家庭,却曾声称自己是天生的无神论者,他对道德价值体系来自上帝这种说法毫无兴趣。他从人类的需求以及人类心理中寻求人类价值观的源头。(《人性的,太人性的》[①]是他的早期作品之一,这个标题意蕴深长。)

尼采并非第一个这样做的人,这一点到序言的第四部分即可看出。实际上,历史上已经形成这种传统。大体来说,尼采认为其中心论点为:如果人类发现某些类型的行为(来自个人)对自己有利,对社会的平稳运作有利,他们就说这些行为是"善"的,并大力鼓励这样的行为;而如果人类发现这些行为对自己不利,就说它们是"恶"的,并且遏制这样的行为。这就是为什么一个行为如果是为他人的利益而不是为自己的利益,就会被认为是善的——其他人宣布这个行为是善的,因为他们由此得到

① 《简明不列颠百科全书》译为《太有人性的人》。

了好处。

表面上听起来这十分有道理：一个社会鼓励对自己有利的东西。但是尼采却认为这是胡说，没有理性，不符合历史。他利用自己的古典语言造诣（他曾进行过学术研究，但是很快就放弃了）提出了一个完全不同的观点。并不是从他人的行为中获利的人后来称他人（以及他们的行为）是善的，而是上层阶级、贵族、贵族阶层这些古代社会的统治者们首先声称自己（以及自己的生活方式）是善的，普通人和奴隶这些被统治的人群是恶的。早期对善与恶的区分可能更适合被理解为“高贵”与“低俗”、自由与被奴役、领导者与被领导者、已洗干净的与未洗干净的之间的区别。这些都是居上位者用来歌颂他们自己、他们的力量以及他们的生活方式的词语，用来表达他们感觉到自己与被奴役的贫苦大众、弱者之间的差距的词语。

这也是非常有道理的——你可以想象上层阶级是用这样的方式思考和说话的。（今天如果碰到适当的人，你还能听到这样的言论。）但是据尼采所说，下一步才是决定今后两千多年里欧洲道德观的重要因素：老实人被逼急了也会反抗，人民大众开始反抗了。尼采所说的不是暴力革命和武装斗争，因为处于社会最底层的民众无论在物质上还是精神上都太弱了。他所说的是某种更微妙、更隐蔽的东西。民众利用他们能够使用的极少数方法中的一种来减轻自己的失意和愤恨，即发展他们自己的价值体系。在这个价值体系中，所有关于压迫者的都是“恶”的，而所有他们自己的、与压迫者的生活在许多方面形成对比的都是“善”的。

因而这个价值体系不是上帝赋予的，也不是通过直觉来感知自身是否正确，即感知其内在的“正确性”所得到的结果。这是一个报复的工具，脱胎于弱者对强者的愤恨。实际上都是因着**怨恨**，所有那些对宽容、同情和爱的追求就更执著。这种观点完全是典型的尼采式观点。尼采热衷于踩在流行观点的头上，将其打倒。你刚刚还认为自己的房子状况良好，突然尼采式的“爆炸”发生了，房顶与地窖猛然间换了位置。这就是哲学在面临最大的挑战时的处境。天生就喜欢攻击传统观念和习俗的人会一味地喜欢这样，但是其他任何人也都可能乐于见到这种激辩。

仅有这些关于爱与同情的道德观之源头的事实（正如尼采自己所相信的）并不足以让尼采如此深地怀疑这些道德观。毕竟，社会大众在采纳并提倡这种道德观的过程中，也在努力通过自己唯一能用的方法来获得权力超过强者，而尼采并不反对这一点——尼采的观点是，生活整个就是权力意志的体现，任何一个渺小的道德学家都无权在整体上对生活发表意见。对于“群氓道德观”，他最反感的是这种道德观并非产生于对自己生活方式（就像上层阶级的生活风尚一样）的**肯定**，而是通过**否定**他人的生活方式得出的：他们研究那些充满活力、自由、高傲、自信、专断的统治者，然后充满怨恨地宣布这些人的品质是恶的，因而与之相反的品质，比如消极、奴性、谦逊、无私则是善的。根据尼采的推测，“群氓道德观”是对生活的否定。

支持这种道德观的人现在正处于一种心力交瘁的境地。作为生命体，他们身上与统治阶级一样体现了天生的权力意志，但是与统治阶级不同的是他们没有获得权力的天然途径。因此当直觉引导他们去追寻一种完全不同的权力，宣称他们的主人那种善于控制人的本能属于恶习的时候，他们实际上同时也在反对他们自己的本能。因此，这些人是穷人，是被压迫者。除此

图 14 下一步要炸掉什么？惊人的髭须之上，一双怒目注视着整个世界；尼采看起来总像是马上就要点着一根导火索，不是这根就是那根。

之外，他们的心理还是有疾病的，他们的内心是分裂的。而且，他们的感觉糟透了。

但是援兵——勉强称得上是援兵——现成就有，是以一个人物的形象出现的。这个人物形象为所有文化与时代中的人们所熟知，而且尼采对其兴趣浓厚：过苦行生活的牧师，执著于贫穷、谦逊和贞洁，有些时候还会进行极端的自我折磨。这个形象极其清楚地表明了去除生活中的世俗状况、逃避到他世以及走向“超越”的愿望。他比其他任何人都更加否定生活。因此，与群氓一样，这个形象也是有疾病的，但是他比群氓要强大得多——他的意志力反映在他有能力以自己的方式生活并维持这种生活方式。

这种意志力赋予他力量，引导并指挥一群弱小的灵魂的力量。这种力量部分来自这些弱者对他内心的意志力的感知，部分来自苦行者自身所散发出的那种神秘的气质以及所拥有的深奥的知识。当然还有一部分是因为苦行者为弱者服务：他减轻他们的痛苦。记住，他们痛苦是因为他们违反了自身至关重要的本能，因此不能期望苦行者能**完全消除**他们的痛苦，因为苦行者本人也违反了这种本能，只不过他做得更公开，需要更强的意志，目标更坚定。

关于人类痛苦的一个重要事实是，如果人类能**明白自己忍受痛苦的理由**——甚至发现痛苦中蕴涵的荣耀，如果他们发现理由足够充分，那么人类就能忍受很多。另一个重要的事实是，正在遭受痛苦的人想找出**造成这种痛苦的人**——这样做的效果就相当于使用麻醉剂，用愤怒的外衣将痛苦隔绝在外。

牧师本能地知道这一点，因此他告诉民众他们遭受痛苦的原因，以及这种痛苦的始作俑者。他们遭受痛苦也许是为了让自己的灵魂得以上天堂，也许是为了正义能够胜利，也许是为了真理的缘故，也许是因为遭受痛苦上帝的天国就会降临在地球上——所有美好的东西都是目的。那么他们遭受的痛苦该由谁来负责呢？答案是：他们**自己**。提出这一点，民众内心激昂的愤恨就从统治者——他们最初的目标身上转移开了。与统治者产生冲突最有可能带来的后果是给他们带来更多的痛苦，甚至是部分地毁灭。将目标重新转移到他们自己身上，这样至少能提供力量和动机，让他们在牧师的指导下，有一点自我约束、作一些自我提高。他们愿意接受这一点，因为正如我们所见，他们已经违背了自己的本能，因此在某种意义上，也违背了他们自己。他们知道什么东西应该根除：他们身上出现的任何属于强者的态度和行为，只要有一点蛛丝马迹就要根除。他们已经变得没有任何危害性。

上述就是尼采的分析。不管我们还会如何看待，他的分析都是坚定不移的。这种分析不过是将一些主要观点粗略地压缩在一起。尼采的风格，包括其音乐性、活力、丰富的变化、犀利的智慧，这些都是只能一个人体会的。书中到处都是令人愉快的细节描写，比如第三篇文章第七部分中关于真正的哲学家的描述。或者看第一篇文章第七部分到第九部分，你是否发现了其中的反犹太基调？然后再读一遍，你会发现这几部分实际上是针对反犹太主义本身的。这几部分声称犹太人的道德史创造了基督教诞生的心理环境——尼采很具讽刺意义地向那些反犹太主义的基督徒开了一炮，这些基督徒认为耶稣被钉死在十字架上要归咎于犹太人，并以此作为自己反犹太人的根据。这样尼采就又一次颠覆了主流思想：基督徒应该尊敬犹太人，他们要感谢犹太人为基督教的兴盛所做的一切。非常有意思！

第八章

有什么？为谁？

思考哲学是一项艰巨的任务——也许你已经注意到了。但是如果你坚持读到了这里，至少说明哲学还没有使你感到厌恶。要就哲学写点什么则更难(就我而言)。那么为什么人们还要思考哲学或者书写哲学呢？原因可能是以下一系列原因中的一种或更多种：希望学着控制自然，学着控制人类自己，进入天堂，避免下地狱；学会容忍生活本来的样子，或改变生活使其变得可以容忍；支持或反对政治机构、道德习惯或是知识机构；增强写作者的兴趣，增强其他人的兴趣(是的，那也会发生)，甚至增强每个人的兴趣；因为他们不能忍受其他某些哲学家；因为他们的工作要求如此。有时也许只是出于纯粹的好奇。人们一般认为哲学家都是不食人间烟火，远离现实的。如果说的是哲学家的生活方式，这个观点往往是对的，尽管并非总是正确。如果那是指哲学家的工作，那么(我现在说的是能够**永世长存**的哲学)这个观点又常常不对——哲学家们一般总是探讨人们真正关心的一些问题，提出一些真正的改进措施：至少从这个意义来说，这个观点是不对的。

回到本书的开头部分(第 1 页)我谈到了三大问题：我应该做什么？存在着什么？(即现实是什么样的？)以及我们如何知

道？听起来似乎任何为人类提出真正改进措施的哲学主要关注的都应该是第一个问题。但那是不对的。对于现实是什么样的这个问题的看法可以赋予生活以意义，或是加强我们的自尊，比如认为我们是按照上帝的模样造出来的；这方面的看法还可以为某些类型的行为提供理由（或作为做出这些行为的借口），比如认为人类拥有理性的灵魂而动物没有。对“我们如何知道？”的回答可以加强或减弱第一和第二个问题的各种答案对我们产生的影响，并且很重要的一点是，这些回答中隐含着人们对**哪些人**拥有知识这个问题的见解，人们相信知识显然为这群人带来了威望和权力。

其实，绝大多数哲学都试图为人类作点贡献。在本书的最后部分，让我们从这个角度来研究一下某些哲学。一种哲学思想要想历世永存，就需要一批支持者，即一批对这种哲学感兴趣的人。支持者越多，哲学持久传承的机会就越大。我们先来谈一谈一些为个人服务的哲学思想。这些哲学思想拥有大批的支持者，因为我们每个人都是个人。

个人

伊壁鸠鲁的哲学思想（参见第五章）是针对个人而言的，它为个人提供快乐生活的方法，而且这种方法是有论据支持的。社会和政治制度如果妨碍个人为快乐生活所作的努力，就是不公平的，伊壁鸠鲁在政治方面的唯一建议就是劝大家不要涉足政治。在某种程度上，我们可以帮助其他人过适合他们的生活，但只限于那些与我们关系亲密的人（伊壁鸠鲁主义大力提倡友谊）；每个人都必须遵循各自快乐生活的方法。因为成功并非取决于物质条件，即一个人可以为另一个人安排的事情，而是取

图 15 现实生活中的伊壁鸠鲁主义？并非伊壁鸠鲁意义上的伊壁鸠鲁主义。

决于人们对待物质条件的态度。这就是关键所在，因为当你明白自己现时的心境基本不受后续生活影响时，快乐便产生了。

伊壁鸠鲁认为快乐是唯一的善，当你听到这一主张时也许会感到吃惊。我们能得到多少快乐，这一定是极度依赖物质生活条件吗？但是还有第二件令人惊讶的事情：他认为最大的快乐是远离肉体疼痛与精神焦虑。容易达到的简单的快乐并不逊于奢侈的、具有异国情调的快乐，并且靠后者得到的快乐会诱发焦虑：获取这种快乐的途径可能会被夺走。（有人认为伊壁鸠鲁主义就是指有歌舞相伴的持续很长时间的晚宴——这种观点完全是误导，这肯定是从伊壁鸠鲁的反对者那里传来的说法，这样的反对者不计其数。）

许多精神混乱都源于因迷信带来的恐惧。应该消除这种恐惧。应该认识到完全生活在幸福之中的神没有必要、也不希望干涉人类的事情。努力学好物理学、天文学以及气象学知识，然后就可以确信所有现象都能从自然的角度得到解释——它们不是神灵发怒的征兆。另外，不要害怕死亡，因为死亡只是不存在而已，并没有什么好害怕的。总之，那就是伊壁鸠鲁给我们每个人的忠告。你可以不听从他的忠告，甚至反对他的建议。当然如果我们都那样的话，政治家也就不会出现了；但是也许我们可以容忍没有政治家。

伊壁鸠鲁教导个人要在思想上武装起来，以面对任何可能发生的事情。两千多年后，约翰·斯图亚特·密尔写下了激动人心的话语，来捍卫每个人自由生活的权力。在他著名的作品《论自由》（1859）中，密尔为众所周知的**伤害原则**进行辩护："权力能够对文明社会的任何成员正当行使的唯一目的……应为阻止对他人的伤害。"欧洲和美洲的民主政治制度得到进一步完善的同时，也赢得了更充分的理解。密尔则指出了一种潜在的危险：多数人对个体和少数群体的专制。

作为《功利主义》的作者（见第五章），密尔对人权没有兴趣，而是对那些由于不遵守他的原则而导致的损害和价值损失抱有兴趣。主宰自己的生活对人类而言是一种善，是我们的幸福之一，所以即使法律禁止的事情是个人无论如何都不会去做的，个人也会遭受损失。但是整个社会也会遭受损失。伤害原则所保护的人之所以是极其宝贵的资源，正是因为他们有脱俗的观点和不同寻常的生活方式。如果这些人的意见实际上是正确的，他们的社会价值就是显而易见的。如果他们的意见是错误的，其社会价值不会那么明显，但同样真实：如果人们完全拥护真理，真理就会成为人们口头的死公式——对真理的反对保证了真理能够一直活跃在思想中。至于不合常规的生活方式，它们提供了每个人都可以学习的经验数据。制约个体最终会损害到每个人。

国家

前面（第二章，然后第五章又简单提及，第55页及其后）我们谈到了所谓政治义务的契约理论。在柏拉图的《格黎东篇》中我们又看到了契约理论的运用，并且注意到根据对以下问题的不同回答，原则上契约理论会以多种形式出现：在什么条件下，为了做什么事情，谁与谁订立了契约？

在所有的契约理论中，托马斯·霍布斯（1588—1679）的理论也许是最有名的——若果真如此，那是因为他对"自然状态"作了绝妙、真实的描述。在自然状态中，任何社会制度都没有建立，没有人能拥有、耕作自己的东西或者做任何有建设性的事情而不时时担心遭到攻击和抢劫，人人都有可能被谋杀。只要这种"一切人反对一切人的战争"持续，生活就是"孤独、贫穷、令人厌恶、粗暴和短暂的"。那么如何改善这一状况呢？组织一个机构；同意接受某个"统治者"（个人或机构）的权威，赋予其充分的权力来完成任何他们认为有必要的事情，以保护我们免受来自他人或外部世界的威胁。这个统治机构不会做不公正的事情，因为作为大家公认的代表，它所做的一切都假定已经获得了签订契约各方的同意。公民只有当生命遭到统治者的直接威胁时才会进行抵抗——公民签订契约的首要目的就是为了保全生命。回头看看，即使是“雅典的法律和宪法”(《格黎东篇》50e—51c，前文第21页)也不会允许苏格拉底因为生命遭到威胁而反抗统治者，只是给出了极少的理由来支持这样极端的主张。

霍布斯笔下的公民难道不会回答他们不只是为了保住性命才签订契约的？他们这么做是为了享受各种自由，在自然状态下这些自由都是缺失的。这将意味着在公民的生命受到威胁之前，他们就获得了抵抗的权利。(再说，在交出所有的权力之后，他们怎么来保护自己的生命呢？)和柏拉图一样，霍布斯似乎也超出了自己论点论述的范围，但实际上这并不令人感到惊讶。柏拉图青年时期适逢雅典对抗斯巴达的那场灾难性战争。而霍布斯出生之时，西班牙无敌舰队正入侵英格兰，临近世纪末的那场宗教冲突则夺走了数百万人的生命。壮年时期他又目睹了英格兰陷入内战的纷争之中。难怪两人都认为，政治生活首先需要有强大的政府来维持和平与秩序，没有这两样其他一切东西都无从说起。他们支持个人的方式是将全部统治权交给国家。难怪一些人认为他们做得过头了。约翰·洛克(1632—1704)写作的年代比霍布斯晚了不到五十年，所处的政治环境也要宽松一些。他辛辣讽刺道：

> 似乎当人类退出自然状态进入社会后便会同意，除去一人，所有人都应受到法律的约束，而且那个人应该继续保留自然状态时的所有自由，他的权力又增加了这种自由，尽管他荒淫无度但仍可免受惩罚。这样想便是认为人类极其愚蠢。他们小心翼翼地避开臭鼬、狐狸带来的损害，却心甘情愿被狮子吞噬，并且认为这样很安全。

神职人员

神父通常不是富有之人或是掌握军事权力的人。因此赋予他们安全以及于安全之外往往还赋予他们在社会或宗教团体内部的极大权力的，肯定是其他东西。这种东西源于周围的人对神父的**看法**，认为神父能为自己做的事情，以及他们赋予神父的价值。换句话说，神父的安全和权力源于哲学。利益与危险越隐秘越间接，维持对神父的信仰、保持对授予（转移）神父权力和安全的人的忠诚所需的机制就越强大。

这不是故意欺骗——尽管认为这样的事情从未发生过也是荒谬的。这甚至也不是神职人员让普通人信仰他们是对还是错的问题。关键是必须相信一点：若非如此，便没有神父。所以存在着大量提升神父地位的著述。

到处都有这样的例子。既然在前面几章我们没有谈及西欧以外的地方，那么现在就让我们回到印度，看看一部重要的《奥义书》[①]的开头部分。《弥兰陀王问经》写就的时候，《广林奥义书》（见参考书目）可能早已出现，就像今天乔叟[②]的《坎特伯雷故事集》一样古老。《广林奥义书》属于印度教的吠陀经[③]，一个充满宗教仪式、牺牲和颂歌的世界。仪式、牺牲和圣歌这些东西对我们很有好处，尽管必须要正确举行才行。为了确保正确举行，你需要一个精通吠陀事务的专家；对于那些重大仪式，甚至

① 印度教古代吠陀教义的思辩作品，用散文或韵文写成，为后世各派印度哲学所依据。

② 乔叟（1340?—1400），英国诗人，历史上第一个用英语进行文学创作的人，对英语的形成和发展起到了巨大的作用。

③ 印度最古老的宗教文献和文学作品的总称。

图 16 霍布斯笔下的海怪从英国乡村连绵起伏的山丘上升起，任何其他事物都相形见小。但是这样真的安全吗？难怪洛克感到十分担心。（图中文字自上至下为：《利维坦》或物质、形式，以及基督教会联合体的权力；来自马姆斯伯里的托马斯·霍布斯著。）

需要专家中的专家来保证其他专家能正确行事。这样的专门技术应当被赋予应有的尊重，当然也少不了适当的报酬。["希望我富有，这样就能举办仪式"被认为是每个人的愿望(1. 4. 17)]。这种技术——以及附带的额外收入——是特殊的社会阶层或等级婆罗门的(世袭)特权。这种种姓制度不是简单的社会习俗，正如 1.4.11 节告诉我们的那样——很显然这种制度起源于神自身被创造的方式。仔细阅读 1.4.11 节：注意种姓制度如何将一定的优越地位赋予处于统治地位的贵族武士阶层刹帝利[1]，同时又保留婆罗门的某种优越的。婆罗门的权力是统治阶级权力的"子宫"——后者的权力发源于此。所以武士伤害祭司是愚蠢的，因为这是在伤害他们自己权力的来源。这就是哲学和神学，显然也是很好的实用政治。

刚接触这种思想传统的读者会发现许多惊人的陌生观点。有关于用作祭品的马(这是吠陀最珍贵的祭品)身体的各个部分与世界的构成部分——年份、天空、地球——相对应的学说。有对语源学的信仰。如果可以看出一个长词是由——大致上——两个短词组合而成的，那么不管这个长词描述的是什么，组合构词这一事实都可用来表示长词所描述之物的起源或本质。《广林奥义书》反复强调，知道这个奇怪知识是非常有利的："知道此事的人不管到哪里都能坚持自己"；"知道此事的人，……不会死亡……将会变成神。"所以我们应该重视这个知识，而且应该重视它的捍卫者——祭司。

祭司并不总是可以**为**你做些什么——他还可能**对**你做些什么。不要与婆罗门的妻子发生暧昧关系。《广林奥义书》的第

① 印度四种姓之一，意译土田主，即国王、大臣等统御民众、从事兵役的种族，所以也称"王种"。其权势颇大，阶级仅次于婆罗门。

图 17 印度邦主向祭司请教。

6.4.12节讲得非常清楚，婆罗门知道报复你的仪式。"被知道如何诅咒的婆罗门诅咒的男人肯定会离开这个世界，被剥夺生殖能力，被剥夺好手艺……千万不要调戏深谙此道的婆罗门的妻子，以免和他们结怨。"这里已经警告大家了。

当然了，我们不仅需要神父，我们还需要医生、清洁工、电玩展示人员、广告顾问，还有——我差点忘了——哲学教授。由于人们拥有信仰和价值观、希望和恐惧，这些人都需要存在。

工人阶级

西欧的工业化给少数人带来了财富，给多数人带来的却是悲惨的生活。这多数人很快就找到了一个维护他们权利的人：卡尔·马克思（1818—1883）。毫不夸张地讲，世界上任何一个存在政治的地方其政治面貌都因马克思的努力而改变。马克思的影响直到过去的十年中才开始衰退。它可能是自身成功的受害者——毕竟，任何对理论的检验和真正的尝试都是不一样的。（这一原则解释了实验方法在科学中的巨大威力。）除非有很多人都已经信服，否则不可能对任何政治理论进行真正地实践。

在此，我们有机会发现某些贯穿于整个哲学史的互相关联的事情。马克思不是黑格尔的弟子——他甚至强烈反对黑格尔的某些观点。但是当时没有人不受到黑格尔哲学的影响。与黑格尔相同的是，马克思也认为历史展示了一种必然的进步；与黑格尔不同的是，他认为历史前进的动力是经济：物质生活条件。与黑格尔相同的是，马克思认为发展从根本上来说是矛盾得到了解决；但矛盾是不同社会阶层之间在经济利益上的冲突——这就是马克思主义著名的"阶级斗争"。而且我们认为马克思所说的一个观点对黑格尔来说也非常重要：与你自己的

“他者”保持联系有极大的价值。“他者”，就像我们常说的，是“某种包含着你的一部分的东西”。

在分析当代经济体制时，马克思充分利用了这个观点。当代经济体制的主要特征是工人阶级和“生产资料”(即工厂)所有者资本家之间的利益冲突。他坚定地同情当时的受压迫者——工人。关键是，工人需要谋生，但是他们没有其他东西可以出售，于是便出卖自己的劳动力——用劳动来换取工资。工资并不多，那些购买工人劳动力的资本家没有兴趣多给工人工资，所给的仅够工人用来维持持续劳动。这就导致工人及其家人只能过着贫困、低劣的生活。

另外，这种情形更在精神上重重地压迫他们——事实上他们所从事的工作并不真正是**他们的**工作：“对工人而言，工作是外在的东西，不是其本质的一部分……不是满足自身需要，只是满足其他需要的一种手段……在工作中，他不属于自己，而是属于别人。”正因为工人的需求无法满足，他们才需要在所从事的工作中表达**自己**。

诊断是一回事，治愈则是另一回事。当一个人所从事的工作不是自己的而是国家的，就像不是自己的而是公司的之时，这个人就可能会体会到异化。当社会庞大而复杂时，对社群利益的认同就不容易实现或维持。即使能认同，那也只能使工作变得**可以忍受**而已。如果你的工作是站在传送带旁，拧紧果酱罐的盖子，那么为祖国母亲俄罗斯工作就要比为全球果酱公司工作更容易忍受。但是那样做无论如何都不能使事情变得积极，成为表达你的个性、技能或者开发潜力的手段。今天我们讲“工作成就感”，但并不是每个人都能在工作中获得成就感——这个问题一直存在着。

女性

我们从一个话题跳到另一个话题，从一个人跳到另一个人，穿越全世界，跨越三千年，就像组团旅行发了狂似的。除非人们略为深入地了解某个哲学家的思想，至少深入一回，否则是不能进入哲学王国的。我们已经大致了解约翰·斯图亚特·密尔的两部著名作品：《功利主义》和《论自由》。第一本书告诉我们善就是快乐，第二本书告诉我们自由才能使个体获得快乐。在另一篇差不多同样著名的文章《论妇女的从属地位》(1869)中，他告诉我们，这对每个人来说都一样，不仅仅是对成年男子。

密尔实际的政治观点瞄准了一个非常具体而且(至少在理论上）容易矫正的弊端："一种性别在法律上从属于另一种性别，这本身就是错误的，而且现在成了阻碍人类进步的主要因素之一；……应该用完全平等的原则来取代。"他认为当前的家庭法相当于对妻子的奴役。他的话表达的就是字面上的意思，正如他在第二章中描述法律地位时所表现的那样。然而，他想改变的是一系列，它们剥夺了妇女接受平等教育与获得重要工作以及职位的机会。

任何主要的哲学思想都需要潜在的受益对象，即使利益可能只是假想出来的。为了提高女性的地位，密尔要吸引大量的受益对象。但他相信，支持他观点的将是百分之百的人，而不仅仅是百分之五十。他描写了女性遭受的不公正待遇，以及现有条件对她们的生活造成的损害，但他同时也用了几乎相当的笔墨，描写了这种状况给所有人带来的损失。压抑女性的才智是"对她们的专制，对社会的损害"。历史告诉了我们许多女性能做到的事情，因为她们已经做到了。历史没有告诉我们女性不能做到的事情，而且除非一直有机会，历史永远也不会告诉我们。（正如我所写，一百三十多年后，一位年轻女子在一次单人环球航海比赛即将结束时处于领先位置，而参加这项赛事需要超乎想象的毅力、体力和智力。）

密尔还认为，作为个体，男人经常在不经意中（这本身就是损害的一部分）遭到损害。如果一个人从小就被教育认为自己比他人优越，那是不好的，尤其是当他人的能力实际上比自己强的时候——这种情况经常发生。从另一方面来讲，听起来也许有些残酷的是，和那些比自己"能力和教养"都要差的人亲密地生活在一起，对较优秀的人是有损害的。然而许多男子会发现自己正处于这样的情况之下。与他们结婚的女子缺陷明显，因为这些女子是在完全有害的体制下强制生产出来的人工制品。那些男人也许认为自己是赢家，但事实上每个人都是输家。

谢天谢地，自 1869 年起事情已经有了改观，很少的、在世界某些地方发生的、暂时的改观。

如果我们的话题只是围绕男人所写的东西，也许会令人感到奇怪。很明显，我们有义务转向另一个话题。西蒙娜·德·波伏娃的鸿篇巨制《第二性》（1949）自问世以来已经激励了许多女性从事写作。如果允许我在约两百年之后短暂复活，当我发现这本书被评为 20 世纪最具影响力的书籍之一时，我是不会感到惊讶的。

与密尔一样，波伏娃也关注女性的自由问题；与密尔不同的是，她没有特别关注自由和快乐之间的联系。她否认存在有关女性状况的有趣概括，因为女性的状况反映了她们所处的环境，其中有一些是社会环境，因此充满变数。（密尔似乎觉得可能存在一些这样的概括，但认为没有一个为人所知。）此外，波伏娃从存在主义传统出发，认为对环境的反应是我们每个人的自由选择——假装我们完全被环境所主宰是**不真实的**，是在逃避责任。

本书的篇幅只允许我涉及这部始终生动的巨著的一个主题。在第七章我谈到了黑格尔的巨大影响，并提及了他的自我认识学说：当一个人在其他东西，即一个人的"他者"里发现了自己的其他方面时，自我认识便出现了。抓住其中的心理真相，并完全忽略黑格尔宏伟的形而上学，波伏娃于此发展了她最有特色的学说：女性是男性的"他者"，且双方的自我了解都取决于这一点。

当"他者"本身就是一个主题、一个人时，事态就会变得更加复杂，潜在的损害也更大。我正在看着你看着我看着你……A如何看B会影响B，因此它会改变A在B身上发现的东西。这又（回想一下关于自我认识的学说）改变了A对A自己的感知，然后影响到A，这两点都会影响A如何看B……只此一次某些事情就发生了严重错误，正如当男人奴役女子时，认为这对他而言是件好事，而女子接受奴役，以为那是她们唯一的选择，两性之间的关系就会纠缠在一张人造的错误之网中。现在"无论他做什么……他都觉得受到了欺骗，而她则感到委屈"。互惠的关系意味着没有一方能单独纠正错误：波伏娃同时呼吁男人要承认女人的独立和平等，而女人则要坚持独立、平等，并认识到自己本来就应该如此。

所以最后一页有这样一句话，这句话尽管完全体现了波伏娃的特点，但几乎就是密尔写的："当我们废除了半数人类的受奴役状况以及这种状况中隐含的整套虚伪制度时，人类的'分类'将揭示出自己真正的意义,人类夫妇将找到自己真正的形式。"他,从经验主义和功利主义传统出发;她,有着完全不同的黑格尔哲学及存在主义背景,但两人殊途同归。这几乎使你觉得他们可能是正确的……

动物

任何有志于改善动物——非人类的动物——状况的人一开始都会面临一个问题:动物不会阅读。所以这方面的写作者不得不说服的将是与受益对象大相径庭的读者。这需要采取一两个策略:或者求助于他们更好的本性,或者说明他们也会获益。在努力让普通人支持神职人员的时候,我们看到的是第二种策略在起作用;在努力获得男性对女性解放事业的支持的时候,密尔和波伏娃两种策略都利用了。

如果你求助的大部分人都从你正努力消除的行为中受益或者认为自己会受益,情况会变得更加无望。许多人喜欢吃肉,许多人还认为通过动物医学实验,人类可以获得极大的好处。当女权主义作家试图挑战男人的观点时,也遇到相同的问题,但至少这些作家在女性中获得了直接的支持,而"动物保护主义者"根本就没有直接的支持者。

佛教不走极端,很自然对动物采取保护态度。我说"很自然",是因为佛教保留了印度教的观点,认为灵魂可以反复回归到生命中去,而且这次化身为人,下次也许就会化身为动物。佛陀自己就曾经是一只野兔。基督教没有这样的玄学,也没有这样的顾忌——去问一只印度奶牛,玄学是否重要!上帝创造亚当主宰其他动物,动物都是为人而造。我们有理智的灵魂,但是动物没有,因而它们被排除在道德的范围之外。[持此观点的人中就有圣·托马斯·阿奎那(1225—1274)]其中一只动物跑啊跑,休谟拍了它一下(参见前文第28页),但是它仍然跑啊跑。

作为密尔拥护并发展的功利主义的创始人,杰里米·边沁(1748—1832)在道德上拥有决定权,这令他既痛苦又高兴,而且他就动物发表了一段著名的言论:"问题不在于'它们是否能推理?'也不在于'它们是否能说话?'而在于'它们能否感到痛苦?'"(它们当然可以,所以它们进入到功利主义的等式中,在道德上我们对它们也有责任)。不过,那是讨论人类福利的一本书中的一个附带段落。只是到了最近,我们才开始得到整本的书,其中明确谈到关于我们如何对待动物的道德问题(见参考书目),这一事实也许能反映出作者们在策略方面所处的复杂环境。

在过去二三十年中,他们的学说已经取得了巨大进步——策略问题并非不能解决。他们可以向那些总是认为动物身上也有人类特点的多愁善感的人求助。他们可以向现代生物学求助;现代生物学提供了更加确定的事实,说明我们与动物的关系比阿奎那想象的远为亲密,这比休谟所能做的更具有说服力。他们强烈地呼吁人们的良知,发出边沁式追问:是否因为能给人类带来好处就可以让动物受苦?如果可以,那么在什么时候?因为你也许能体会到,虽然做实验的白鼠死了,但癌症的治疗方法有了显著进步,这与用狗和熊窝里熊的死亡来换取几分钟的运动娱乐之间是有区别的。

动物福利的某些方面关乎另一个紧迫的问题——对自然环境的损害和关爱。对于这个问题的一方面,即素食主义,有时人们是这样看待的:用植物原料喂牛再吃牛肉,与直接吃蔬菜不吃牛肉相比,被认为是一种非常低效的利用地球资源的方式。所以从长远来看，素食主义对每个人都是有利的。主意不错——人们听得越多，谈论的要点就越多。

职业哲学家

你应该已经注意到，也许带着一丝惊奇：尽管我现在在书写哲学，但我几乎没有谈到哲学。我不怀疑其中一些哲学思想是有价值的，而且会长存。我更不会怀疑现在发表的东西中只有很小一部分会持久流传。我能猜到一两本能长存的书的标题，但是猜想终究只是猜想；所以我最好还是关注那些已知的经受过时间真正考验的作品。这些作品能够经受住考验的原因之一是，它们是有感而写，内容对人类是有好处的，而且我们能够体会到其中的热情和智慧。

没有理由认为当今的哲学著述不应该如此，而且其中的一部分的确是这样的。但我们应当注意到，大多数哲学著述都是由职业哲学家所写，他们的生计和职业前途要求他们撰写和出版此类文章。这一点并不能**说明**什么——毕竟，康德和黑格尔都是职业哲学家。这当然并不表示他们对哲学的兴趣不是真的，但这的确意味着，在让他们感兴趣的种种原因中，有些我会认为是假的。在第一章我曾说过，哲学家参与辩论是为了改变文明进程，不是为了解开一些微小的谜。但在如今职业化的哲学世界中，谜的完美解决需要作者付出很大的精力；对其他的职业哲学家来说，为解谜而进行写作的诱惑和压力都有，至于文明就让它自然发展吧。

不应该将这本书——拜托！——理解成是对现在大学哲学系中出现的所有**现象**的全面谴责。这只是一个**很简短的介绍**，为第一次接触哲学的人提供一些建议。如果你正在翻看某

图 18 一位职业哲学家——对此人要略有防备。

个学术出版社的最新哲学书籍，或是最近一期的顶级哲学专业杂志，然后发现自己看不懂其中所讲的东西，或是没有什么能引起你的注意，不要以为**整个**哲学你都不懂。你现在看到的可能是大画面中的一个小细节，你只是还没有识别的经验。也许情况更糟糕，你所读的对哲学家而言其实就相当于一个国际象棋方面的问题，非常巧妙但没有普遍意义。发挥自己辨别能力的同时，请坚持阅读那些优秀的经典作品。

对于我向你们介绍的任何一个哲学家，不必产生前述疑问。众所周知，他们都是在用心力和智慧来写作。他们有无数优点，同时他们也会有缺点，这一点可以肯定：意料之外的无知、偏见、自负、晦涩——这些只是一小部分而已。但是正如我希望自己已经在文章中表明的那样，哲学同生活一样的广泛，在其巨大的文库中，有着最富智慧的美德，同时也有最富智慧的瑕疵。希望哲学只有美德没有瑕疵，就如同希望人类没有思想一样。

图 19 上哲学课就没有晚餐吃。

索引

（条目后的数字为原文页码）

D

E

F

J

K

L

M

S

T

U

V

W

Z

Edward Craig

PHILOSOPHY

A Very Short Introduction

Contents

List of illustrations

Chapter 1
Philosophy
A very short introduction

Anyone reading this book is to some extent a philosopher already. Nearly all of us are, because we have some kind of values by which we live our lives (or like to think we do, or feel uncomfortable when we don't). And most of us favour some very general picture of what the world is like. Perhaps we think there's a god who made it all, including us; or, on the contrary, we think it's all a matter of chance and natural selection. Perhaps we believe that people have immortal, non-material parts called souls or spirits; or, quite the opposite, that we are just complicated arrangements of matter that gradually fall to bits after we die. So most of us, even those who don't *think about it* at all, have something like answers to the two basic philosophical questions, namely: what should we do? and, what is there? And there's a third basic question, to which again most of us have some kind of an answer, which kicks in the moment we get self-conscious about either of the first two questions, namely: how do we know, or if we don't know how should we set about finding out – use our eyes, think, consult an oracle, ask a scientist? Philosophy, thought of as a subject that you can study, be ignorant of, get better at, even be an expert on, simply means being rather more reflective about some of these questions and their interrelations, learning what has already been said about them and why.

In fact philosophy is extremely hard to avoid, even with a conscious effort. Consider someone who rejects it, telling us that 'Philosophy is useless'. For a start, they are evidently measuring it against some system of values. Secondly, the moment they are prepared to say, however briefly and dogmatically, why it is useless, they will be talking about the ineffectuality of certain types of thought, or of human beings' incapacity to deal with certain types of question. And then instead of rejecting philosophy they will have become another voice *within* it – a sceptical voice, admittedly, but then philosophy has never been short of sceptical voices, from the earliest times to the present day. We shall meet some of them in Chapter 6.

If they take the second of those lines, they may also be implying that making the discovery that human beings just can't cope with certain kinds of question, and making that discovery *for yourself* – and actually *making it*, rather than just lazily assuming that you know it already – isn't a valuable experience, or is an experience without effects. Surely that cannot be true? Imagine how different the world would have been if we were all convinced that human beings just aren't up to answering any questions about the nature or even existence of a god, in other words, if all human beings were religious agnostics. Imagine how different it would have been if we were all convinced that there was no answer to the question of what legitimates the political authority that states habitually exercise over their members, in other words, if none of us believed that there was any good answer to the anarchist. It may well be controversial whether the differences would have been for the good, or for the bad, or whether in fact they wouldn't have mattered as much as you might at first think; but that there would have been differences, and very big ones, is surely beyond question. That how people think alters things, and that how lots of people think alters things for nearly everyone, is undeniable. A more sensible objection to philosophy than that it is ineffectual is pretty much the opposite: that it is *too dangerous*. (Nietzsche, see pp. 93–99, called a philosopher 'a terrible explosive from which nothing is safe' – though he didn't mean that as an objection.) But what this usually means is that any philosophy is dangerous *except the speaker's own*, and what it amounts to is fear of what might happen if things change.

It might occur to you that perhaps there are people who don't even think it worthwhile to enter into this discussion at all, however briefly, not even to support the sceptical stance that I have just mentioned. And you would be right, but that doesn't mean to say that they don't have a philosophy. Far from it. It may mean that they are not prepared to 'philosophize' – to state their views and argue for them or discourse upon them. But it doesn't mean that they have no abiding values, nothing which they systematically regard as worthwhile. They might think, for instance, that real expertise at *doing* something is more desirable than any amount of theoretical knowledge. Their ideal would not so much be insight into the nature of reality as the capacity to become one with it in the execution of some particular activity, to have trained oneself to do something without conscious effort as if by a perfectly honed natural instinct. I am not just making these people up: a lot of Zen Buddhist thought, or perhaps I should say Zen Buddhist practice, leans strongly in this direction. And this ideal, of aiming at a certain kind of thoughtlessness, was the outcome of a great deal of previous thinking.

If philosophy is so close to us, why do so many people think that it is something very abstruse and rather weird? It isn't that they are simply wrong: some philosophy *is* abstruse and weird, and a lot of the best philosophy is likely to *seem* abstruse or weird at first. That's because the best philosophy doesn't just come up with a few new facts that we can simply add to our stock of information, or a few new maxims to extend our list of dos and don'ts, but embodies a picture of the world and/or a set of values; and unless these happen to be yours already (remember that in a vague and unreflective way we all have them) it is bound to seem very peculiar – if it doesn't seem peculiar you haven't understood it. Good philosophy expands your imagination. Some philosophy is close to us, whoever we are. Then of course some is further away, and some is further still, and some is very alien indeed. It would be disappointing if that were not so, because it would imply that human beings are intellectually rather monotonous. But there's no need to start at the deep end; we start at the shallow end, where (as I've said) we are all standing in the water already. Do remember, however (here the analogy with the swimming-pool leaves me in the lurch, the way analogies often do), that this doesn't necessarily mean that we are all standing in the same place: what is shallow and familiar, and what is deep and weird, may depend on where you got in, and when.

We may be standing in the water, but why try to swim? In other words, what is philosophy for? There is far too much philosophy, composed under far too wide a range of conditions, for there to be a general answer to that question. But it can certainly be said that a great deal of philosophy has been intended as (understanding the words very broadly) a means to salvation, though what we are to understand by salvation, and salvation from what, has varied as widely as the philosophies themselves. A Buddhist will tell you that the purpose of philosophy is the relief of human suffering and the attainment of 'enlightenment'; a Hindu will say something similar, if in slightly different terminology; both will speak of escape from a supposed cycle of death and rebirth in which one's moral deserts determine one's future forms. An Epicurean (if you can find one nowadays) will pooh-pooh all the stuff about rebirth, but offer you a recipe for maximizing pleasure and minimizing suffering in this your one and only life.

Not all philosophy has sprung out of a need for a comprehensive way of living and dying. But most of the philosophy that has lasted has arisen from some pressing motivation or deeply felt belief – seeking truth and wisdom purely for their own sakes may be a nice idea, but history suggests that a nice idea is pretty much all it is. Thus classical Indian philosophy represents the internal struggle between the schools of Hinduism, and between them all and the Buddhists, for intellectual supremacy; the battle for the preferred balance between human reason and scriptural revelation has been fought in many cultures, and in some is still going on; Thomas Hobbes's famous political theory (we shall be seeing more of it later) tries to teach us the lessons he felt had to be learnt in the aftermath of the English Civil War; Descartes and many of his contemporaries wanted medieval views, rooted nearly two thousand years back in the work of Aristotle, to move aside and make room for a modern conception of science; Kant sought to advance the autonomy of the individual in the face of illiberal and autocratic regimes, Marx to liberate the working classes from poverty and drudgery, feminists of all epochs to improve the status of women. None of these people were just solving little puzzles (though they did sometimes have to solve little puzzles on the way); they entered into debate in order to change the course of civilization.

The reader will notice that I haven't made any attempt to define philosophy, but have just implied that it is an extremely broad term covering a very wide range of intellectual activities. Some think that nothing is to be gained from trying to define it. I can sympathize with that thought, since most attempts strike me as much too restrictive, and therefore harmful rather than helpful in so far as they have any effect at all. But I will at least have a shot at saying what philosophy is; whether what I have to offer counts as a definition or not is something about which we needn't, indeed positively shouldn't, bother too much.

Once, a very long time ago, our ancestors were animals, and simply did whatever came naturally without noticing that that was what they were doing, or indeed without noticing that *they* were doing anything at all. Then, somehow, they acquired the capacities to ask *why* things happen (as opposed to just registering that they do), and to look at themselves and their actions. That is not as big a jump as may at first sight appear. Starting to ask why things happen is in the first place only a matter of becoming a little more conscious of aspects of one's own behaviour. A hunting animal that follows a scent is acting as if aware that the scent is

1. In this Renaissance painting Boethius (C.AD 480–525) listens to the words of the Lady Philosophy. *The Consolation of Philosophy* is his most famous book, and consolation was what he needed as he awaited execution. But philosophy has had many purposes besides this one.

there because its prey has recently passed that way – and it is because that really is why the scent is there that it often succeeds in its hunt. Knowledge of this sort of connection can be very useful: it tells us what to expect. Furthermore, to know that A happens because B happened may improve your control over things: in some cases B will be something that you can bring about, or prevent – which will be very useful if A is something you want, or want to avoid. Many of these connections animals, humans included, follow naturally and unconsciously. And the practice, once one is aware of it, can valuably be extended by consciously raising such questions in cases where we do not have conveniently built-in answers.

There could be no guarantee, however, that this generally valuable tendency would always pay off, let alone always pay off quickly. Asking why fruit falls off a branch pretty soon leads one to shake the tree. Asking why it rains, or why it doesn't rain, takes us into a different league, especially when the real motive underlying the question is whether we can influence whether it rains or not. Often we can influence events, and it may well pay to develop the habit of asking, when things (a hunting expedition, for example) have gone wrong, whether that was because we failed in our part of the performance, as opposed to being defeated by matters beyond our control. That same useful habit might have generated the thought that a drought is to some extent due to a failure of ours – and now what failure, what have we done wrong? And then an idea might crop up which served us well in our infancy: there are parents, who do things for us that we can't do ourselves, but only if we've been good and they aren't cross with us. Might there be beings that decide whether the rain falls, and shouldn't we be trying to get on the right side of them?

That is all it would take for human beings to be launched into the investigation of nature and belief in the supernatural. So as their mental capacities developed our ancestors found their power increasing; but they also found themselves confronted by options and mysteries – life raised a host of questions, where previously it had simply been lived, unquestioningly. It is just as well that all this happened gradually, but even so it was the biggest shock the species has ever encountered. Some people, thinking more in intellectual than biological terms, might like to say that it was what made us human at all.

Think of philosophy as the sound of humanity trying to recover from this crisis. Thinking of it like that will protect you from certain common misapprehensions. One is that philosophy is a rather narrow operation that only occurs in universities, or (less absurdly) only in particular epochs or particular cultures; another, related to the first, is that it is something of an intellectual game, answering to no very deep need. On the positive side, it may lead you to expect that the history of philosophy is likely to contain some fascinating episodes, as indeed it does, and it certainly adds to the excitement if we bear in mind that view of what is really going on. Can reeling *homo sapiens* think his way back to the vertical? We have no good reason to answer that question either way, Yes or No. Are we even sure that we know where the vertical is? That's the kind of open-ended adventure we are stuck with, like it or not.

But isn't that just too broad? Surely philosophy doesn't include everything that that account of it implies? Well, in the first place, it will do us less harm to err on the broad side than the narrow. And in the second place, the scope of the word 'philosophy' has itself varied considerably through history, not to mention the fact that there has probably never been a time at which it meant the same thing to everyone. Recently something rather strange has happened to it. On the one hand it has become so broad as to be close to meaningless, as when almost every commercial organization speaks of itself as having a philosophy – usually meaning a policy. On the other hand it has become very narrow. A major factor here has been the development of the natural sciences. It has often been remarked that when an area of inquiry begins to find its feet as a discipline, with clearly agreed methods and a clearly agreed body of knowledge, fairly soon it separates off from what has up to then been known as philosophy and goes its own way, as for instance physics, chemistry, astronomy, psychology. So the range of questions considered by people who think of themselves as philosophers shrinks; and furthermore, philosophy tends to be left in charge of those questions which we are not sure how best to formulate, those inquiries we are not sure how best to set about.

This multiplication of thriving disciplines inevitably brings another factor into play, namely specialization within universities, and creates the opportunity to think of philosophy yet more narrowly. University philosophy departments are mostly quite small. In consequence, so is the range of their expertise, which tends to cluster around current (sometimes also local) academic fashion – it must do, since it is normally they who make it. Besides, undergraduate courses are, for obvious reasons, quite short, and therefore have to be selective on pain of gross superficiality. So the natural assumption that philosophy is what university philosophy departments teach, though I certainly wouldn't call it false, is restrictive and misleading, and ought to be avoided.

This book is called a very short introduction to philosophy. But, as I hope is now becoming clear, I can't exactly *introduce* you to philosophy, because you are already there. Nor can I exactly introduce you to *philosophy*, because there is far too much of it. No more could I 'show you London'. I could show you a few bits of it, perhaps mention a handful of other main attractions, and leave you on your own with a street map and some information about other guided tours. That's pretty much what I propose to do for philosophy.

At the beginning of this chapter I spoke of three philosophical questions, though they might better have been called three types or classes of question. Chapters 2–4 introduce, from a classic text, an example of each type. By progressing from very familiar ways of thinking in the first to something most readers will find altogether stranger in the third, they also illustrate (though not by any means in its full extent) another theme of this introduction: the range of novelty to be encountered in philosophy. I have also harped on somewhat about the difficulty of avoiding being philosophical. If that is so, we should expect to find some kind of philosophy more or less wherever we look. As if to confirm that, our first example comes from Greece and the fourth century BC, our second from eighteenth-century Scotland, and our third from India, written by an unknown Buddhist at an unknown date probably between 100 BC and AD 100.

All three of these texts should be fairly easy to obtain, especially the first two (see Bibliography). This book can perfectly well be read without them, but there are good reasons to read them yourself alongside it if that is possible. One is to be able to enjoy the writing. Much philosophy is well-written, and it is strongly recommended to enjoy the writing as well as the views and the arguments. But the main reason is that it will enable you to *join in* if you want to. Remember that this is not a completely foreign country: you are to some extent already a philosopher, and your ordinary native intelligence has a work permit here – you don't need to go through any esoteric training to get a licence to think. So don't be afraid, as you read, to start asking questions and forming provisional conclusions. But notice, *provisional*. Whatever you do, don't get hooked up on that laziest, most complacent of sayings, that 'everyone has a right to their own opinion'. Acquiring rights isn't that simple. Rather, keep in mind the wry comment of George Berkeley (1685–1753): 'Few men think, yet all will have opinions.' If true, that's a pity; for one thing, the thinking is part of the fun.

Finally, please read slowly. This is a very short book about a very long subject. I have tried to pack a lot in.

Chapter 2
What should I do?
Plato's *Crito*

Plato, who was born in or around 427 BC and died in 347, was not the first important philosopher of ancient Greek civilization, but he is the first from whom a substantial body of complete works has come down to us. In the Indian tradition the Vedas, and many of the Upanishads are earlier; but of their authors, and how they were composed, we know next to nothing. The Buddha pre-dated Plato, though by just how much is a matter of scholarly disagreement; but the earliest surviving accounts of his life and thought were written down some hundreds of years after his death. In China, Confucius also pre-dated Plato (he was born in the middle of the previous century); again, we have nothing known to have been written by him – the famous *Analects* are a later compilation.

Plato's works all take the form of dialogues. Mostly they are quick-fire dialogues, conversational in style, though sometimes the protagonists are allowed to make extended speeches. There are two dozen or so of these known to be by Plato, and a handful more that may be. Of the certainly authentic group two are much longer than the others, and better thought of as books consisting of sequences of dialogues. (They are *Republic* and *Laws*, both devoted to the search for the ideal political constitution.) So there is plenty of Plato to read, and most of it is fairly easy to obtain, in translation in relatively inexpensive editions. As regards degree of difficulty, the range is wide. At one end we have a number of dialogues comparable to the one we shall shortly be taking a close look at. At the other are works like *The Sophist*, capable at times of making the most experienced readers scratch their heads and look blank.

A near constant feature of Plato's dialogues is the presence of Socrates, usually though not always as the leader of the discussion. Since the dialogue called *Crito* is not only conducted by Socrates but also concerns what he, personally, should do in a certain predicament in which he finds himself, we need to know a little about him and how he got into the situation he is in when the dialogue opens – namely in prison in Athens awaiting imminent execution.

Socrates lived from 469 to 399 BC. He was clearly a charismatic figure, with a somewhat eccentric lifestyle. Accepting the poverty it entailed, he appears to have spent all his time in unpaid discussion with whomever would join with him, which included many of the better-off, hence more leisured, young men of Athens. These included Plato, whose admiration for Socrates motivated the career and writings which immortalized both of them.

Not all our evidence about Socrates' thought comes to us through Plato, but by far the greater part of it does, so it is no easy matter to distinguish clearly between their views. Little doubt that Plato was sometimes trying to portray the historical Socrates; little doubt that he was sometimes using the figure of Socrates as a literary device to convey his own philosophy. Where to draw the line isn't always obvious, but scholars seem now broadly agreed that the real Socrates concentrated on ethical questions about justice and virtue ('How should I live?' is sometimes called 'the Socratic question'); and that he constantly probed whether his fellow Athenians really understood what was involved in these matters anything like as well as they claimed to. Nor was he always sure that he understood it himself – but then he didn't claim to.

2. Not everyone was as impressed by Socrates as Plato was. In *The Clouds*, by his contemporary Aristophanes, he appears as a self-important eccentric who spends his time dangling in a basket (so as to be in a better position for studying celestial phenomena).

That sounds like a pretty reliable way of making enemies, so this account of Socrates' activities fits in well enough with the next episode: three citizens, surely acting as the public tip of a hostile iceberg, brought a prosecution against him on a charge of corrupting the youth of Athens. By a small majority he was found guilty, and condemned to death. In *The Apology of Socrates* you can read Plato's version of the (totally unapologetic) speeches he made at his trial, one in his own defence, one after the verdict, one after the sentence.

Socrates was not executed straight away. At the time of his trial a ceremonial period was beginning, which would end only when an official ship returned to Athens from the island of Delos. This had religious significance, and no executions could take place while the ship was away. So Socrates had to spend this time in prison – long enough for his friends to set up a routine of visiting him, get to know the guards, and form a plan of action. With time running out, it falls to Crito to put this plan to Socrates: they propose to bribe the guards, Socrates can escape from Athens and go somewhere else, maybe to Thessaly, where Crito has friends who will offer hospitality and protection.

The dialogue *Crito* is Plato's account of their discussion and Socrates' response. Considering that this text is 2,400 years old, one of the most surprising things about it is that it is not more surprising. You may not agree with everything Socrates says – for instance, many readers will feel that his view of the claims that the state can properly make on the individual are exaggerated – but virtually all the points made will be perfectly familiar to anyone who has ever had to think about a difficult decision. When Plato writes about love we are aware that his perspective differs from ours; when we read him on cosmology we are back in a completely different age; but this discussion of a specific ethical question, 'What should I do in this case?', could almost have occurred yesterday. I said in Chapter 1 that we were all to some extent philosophers, and that therefore some philosophy would feel very near home. Here is an example – from ancient Greece.

Just one word before we start. There is a standard method for referring to passages in Plato's texts, one that works whichever edition and translation you are using. It actually goes back to the pagination of a Renaissance edition published in 1578, and is known as Stephanus numbering (from the Latin name of the editor, Henri Estienne). Any modern edition of Plato will show it, either in the margin, or at the top of the page. I shall be using it throughout this chapter.

The first page or so (43a–44b) sets the scene. Crito mentions that he is well in with the warder. Socrates says that at his age you shouldn't complain too much about having to die. But then Crito opens his campaign of persuasion. He starts – as one well might – by telling Socrates how much his friends value him, and then implies that Socrates might care to return the compliment: his friends' reputation is at stake – if he stays in prison and dies people will think that they weren't prepared to go to the expense of buying his escape.

Now a lot of very different points are raised very quickly (and left half dealt with – *Crito* is not written like a well-constructed lecture, but much more like a real conversation). Socrates responds by saying that one shouldn't bother about what 'people' think; the opinion that should matter to us is that of reasonable people with a clear view of the facts. 'We can't afford to take that line,' says Crito, 'majority opinion is too powerful.' 'On the contrary,' Socrates replies, 'as regards what really matters the majority don't have much power at all.' And what really matters, apparently, is whether one is wise or foolish (44d).

I suspect that this idea will strike many readers as a rather strange one. What does Socrates mean by wisdom, that it should be the only thing that really matters? We should keep that question in mind, and keep an eye open for anything later in the dialogue that might shed light on it. Crito just lets it go, and goes back to the earlier issue of the consequences for Socrates' friends. Is Socrates thinking that his friends will be in danger of reprisals if he escapes? Yes, it seems that he is (and he returns to emphasize the risk to them at 53a/b). This of course quite neutralizes Crito's argument: no point in appealing to the bad effects on your friends if you *don't* do something, when the effects on them if you *do* are likely to be at least as bad.

Crito, understandably quite wound up, now makes a longer speech (45a–46a) in which he fires off all his remaining ammunition in an emotional and haphazard sort of way. Socrates shouldn't think of the risk to his friends, or the expense – anyway, the expense won't be all that great. Nor should he bother about the fact that escape into exile would mean going back on things he said at his trial. (We shall soon see, at 46b–46d and 52c, that this cuts no ice whatever with Socrates, for whom being consistent, true to himself and his reasons for acting, is a very important value.)

Next, Crito goes on, Socrates is acting wrongly in giving up his life when he could save it, and so falling in with his enemies' wishes. Crito doesn't tell us whether he thinks that for Socrates to give up his life when he could save it would be wrong *just because* it means success for his enemies, or whether it is an intrinsically wrong thing to do – as some have thought suicide intrinsically wrong – or for some other reason again. Which of these he has in mind actually makes quite a difference to what he is saying, but he is in no state for precise thinking. Now seriously overheating, he first accuses Socrates of showing no concern for his children, then of showing a lack of courage (45d). (Considering the courage required for what Socrates actually does intend to do, the latter charge seems particularly absurd – the one about his children Socrates will deal with later.) Running out of steam, Crito now returns to his complaint about the damage to Socrates' friends' reputations, begs Socrates to agree with him, and comes to a stop.

In his distress and anxiety Crito has become pretty offensive in his last couple of paragraphs. But this Socrates overlooks, with a kind remark about Crito's warm feelings, and takes control of the dialogue. The thinking immediately becomes slower and calmer, and better organized. He returns to the first point Crito made – the one about reputation – and asks whose opinion we should respect, those of the wise or the foolish, those of the many or those of the expert? Crito trots along giving the obvious answers, the way his discussion-partners usually do when Socrates gets into gear. So in this case we shouldn't be listening to the majority, but to someone who understands what it is to be just, to act rightly, to live well or as one should. Otherwise we shall damage our souls, as we would have damaged our bodies by listening to the majority rather than the doctor in a matter of physical health. The crucial question is whether it is right for Socrates to try to escape – all this stuff about money, reputations, and bringing up children is of no real consequence (48c).

Let's just pause for a moment. One thing we should not do is read philosophy uncritically. Isn't there a whiff of moral fanaticism about what Socrates is now saying? What damage to his soul exactly? And why should it be so frightful? And if his friends' reputations and his children's upbringing are on the line, mightn't he be prepared to risk a little damage to his soul? After all, he wouldn't think much of anyone who wasn't prepared to risk physical injury for the sake of friends and family. Admittedly, we have been told (back at 47e–48a) that the soul, or more accurately 'that part of us, whatever it is, which is concerned with justice and injustice', is much more valuable than the body. But we haven't been told why or how; and there has been no explanation of why it should be *so* valuable that the prospect of damage to it instantly overrides any little matters like friends' reputations or the well-being of one's children. And besides, if children are not well cared for, might that not damage 'that part of *them*, whatever it is, which is concerned with justice and injustice'? It looks as if Socrates needed a different discussion-partner, someone who might have started calling for answers to a few of these questions.

But let us hear Socrates out, and get a view of the full picture, as he argues that it would be wrong for him to escape into exile. First he asks Crito to agree that doing someone a wrong is always wrong, even when done in response to a wrong done to you (49a–49e). Revenge may be sweet but it is not permissible. The strategic importance of this is easy to see: if it is accepted, then whether anyone has wronged Socrates – the State, the jurors, his accusers – becomes irrelevant; the only question is whether he himself would be doing a wrong in following Crito's plan. Clearly Socrates does not expect there to be widespread agreement on this point. He knows only too well that there are many who hold that retaliation is permissible, even that it is positively right. But it is Crito he is trying to convince, and the two of them have evidently been here in discussion before – 'our former opinion' he calls it. And Crito agrees: 'I stand by it.'

Socrates now puts forward two much less controversial premisses: doing harm to people is wrong (49c), and breaking a fair agreement is wrong (49e). He is now about to argue that if he tries to escape he will be doing both. The injured parties would be the State of Athens and its laws; he imagines them coming forward, personified, to put their case.

In the first place, he would be doing them harm (50a–50b), indeed he would be 'intending their destruction'. That sounds odd – surely the only thing Socrates would be intending is to escape execution? But the next sentence tells us what is meant: if what he proposes to do were taken as an example, the result would be the collapse of the law and hence also of the State, neither of which can survive if private individuals ignore the decisions of the courts. What we have here is an appeal to a very familiar moral argument: 'What would happen if everybody behaved like that?' When I do something, it is as if I were giving everyone else my permission to do the same, and I have to consider the consequences of *that*, not just of my individual action. The German Immanuel Kant (1724–1804), some would say the most influential philosopher of modern times, made this the basic principle of morality (though he found a rather more complicated way of stating it).

We have all heard of it, we have all had it thrown at us, and here it is popping up in 400 BC.

In the second place, they suggest (50c), Socrates would be breaking an agreement. But from here to 51d what the Laws and the State have to say does not seem to be about an *agreement* at all, in any normal sense – no voluntary consent to anything on the part of Socrates is in question. It might be better described as being about obligations of gratitude, or about the deference owed by a creature to its creator, or both. The burden of this paragraph is that the Athenian State, which is compared to a parent, made Socrates what he is; and he is not dissatisfied with how it did it. So he is bound by its wishes, and it is ridiculous to suppose that he might have a right of retaliation against it.

The last point really ought to be unnecessary, since Socrates has already said that retaliation is wrong anyway. But he can be seen as covering himself twice: even if retaliation were sometimes right, as many think it is, it would still not be right in this case, where the parent-like State is the other party. As to his being bound by the State's wishes, this totalitarian conception of the State's powers and the corresponding view of parental authority is more stipulated than justified in this passage. That isn't surprising, because it wouldn't be at all easy to justify the doctrine that the State, by virtue of its role in the lives of human individuals, thereby acquires the right to dispose of them much as if they were inanimate artefacts made for its own purposes. A State may do a lot for its citizens, but can it conceivably do so much that they can lay claim to no purposes of their own beyond those it allows them? And once we grant that Socrates might be allowed some purposes of his own independent of the will of Athens, then might not staying alive (if that is what he wants) be one of them? Crito, were he not the perfect Yes-man, could have had rather more to say at this stage.

However, at 51d Socrates' imaginary antagonists introduce a point which, if correct, makes a very big difference: Socrates has of his own free will entered into an agreement with them to respect and obey the laws. Not that he ever signed a document or made an official statement; but his behaviour was a sufficient indication of his agreement. For the law allowed him, once an adult, to take his possessions and leave Athens without any material penalty. He stayed. Nor has he ever in his seventy years been away even temporarily, except on military service. At his trial he made it clear that he had no interest in exile as a possible alternative sentence. Taken together, this is clear voluntary consent to the institutions of Athens. Does he now (contrary to what he avowed at 49e) intend to break his agreement?

Much of Socrates' argument has been conducted at a high level of principle, sometimes dizzily high – as when he said that compared with the importance of doing what is right, matters of reputation (his friends' as well as his own) and the upbringing of children were of no account. But here in the closing pages of *Crito*, between 52c and the end, there are signs of him covering his back. Whether he wants to be sure of convincing those not convinced of his lofty principles, or whether he isn't himself altogether happy to let the entire issue rest on them, the fact is that reputations, the risks to his friends, his prospects in exile, and the education of his children now make a reappearance.

Not many pages back Socrates was telling Crito not to bother about the opinion of the crowd. But 'the Laws and the State' think it is at least worth mentioning that he is in danger of making himself a laughing stock (53a), and of hearing many deprecatory things about himself (53e), and of giving the jurors reason to think that they made the right decision (53b/c). (More important to one holding Socrates' principles is that he himself would be ashamed if he were to go back on what he so proudly said at his trial (52c) – his own integrity ought to mean more to him than that.) He should think of the practical consequences: if he escapes his friends will be in danger (53b), his life in exile will be unrewarding and demeaning (53b–53e). And finally (54a), what will it benefit his children? Is he to bring them up in Thessaly (Thessaly of all places!), exiles themselves? And if they are to grow up in Athens, what difference to them whether he is dead or merely absent? His friends will see to their education in either case.

The Laws have one last card to play, well known and much used by moralists from earliest times right down to our own: the old fire-and-brimstone manœuvre. Should Socrates offend against them, they say, he can expect an uncomfortable reception in the afterlife. The laws of the underworld are their brothers, and will avenge them.

Finally, Socrates speaks again in his own person (54d). His closing words broach another perennial topic: the relationship between morals and religion. Some have held (and many have disagreed with them) that morality is impossible without belief in a god. There is no reason to attribute that view to Socrates. But he does appear to be doing something just as time-honoured as the fire-and-brimstone trick, and a good deal more comforting: claiming divine moral inspiration. 'These things I seem to hear, Crito . . . and these words re-echo within me, so that I can hear no others. . . . Let us then act in this way, since this is the way the god is leading.'

The dialogue is over; I hope you have enjoyed reading it. Moral problems are notoriously hard to settle, not just when several people are trying to reach agreement, but even when they are trying to make up their own minds as individuals. We have seen a little of why this should be: so many factors, of so many different types, are involved. Should you do A or not? Well, what will the consequences be if you do? There may be consequences for your friends, your family, and others, as well as those for you yourself. And what if you don't? How do the consequences compare? Alternatively, never mind the consequences for a moment, just ask whether you can do A consistently with your own view of yourself – would it involve betraying ideals that till then you had valued and tried to live up to? How will you *feel* about having done it? Or again, however pleasant the consequences may be, would it run

3. Still debating with his friends, Socrates takes the hemlock from the gaoler. Jacques Louis David's well-known painting *The Death of Socrates* (1787).

contrary to some duty, or some obligations you have incurred? Obligations to whom? – and might you not be in breach of other obligations if you *don't* do it? Do obligations to friends and family take precedence over duties towards the State, or vice versa? And if you have a religion what does *it* say about the choice? All this complexity is only latent in *Crito*, because Socrates manages to make all the relevant factors come out either neutral (it won't make much difference to his children either way, nor to his friends) or all pointing in the same direction. But it doesn't take much imagination to see the potential for agonizing moral dilemmas.

Some people expect philosophy to tell us the answers to moral problems. But unless it can somehow impose simplicity on the complexities we have been looking at, the prospects for that don't look good. For it would have to show us, convincingly, that there was just *one* right way to balance out all the various considerations. Socrates was going for simplification when (starting at 48c) he tried to make the whole thing turn on just one issue. Kant, whom I mentioned earlier (p. 18) went for simplification in basing morality on a single principle closely related to the familiar 'what would happen if everyone did that?' Some try to simplify in another way, advising us not to think in terms of duties and obligations but only of the consequences of our own proposed actions for everyone whom they will affect. We shall see more of this kind of view in Chapter 5.

Chapter 3

How do we know?

Hume's *Of Miracles*

Many – including your present guide – regard the Scotsman David Hume (1711–76) as the greatest of all philosophers who have written in English. He was of wide-ranging intellect: his multi-volume *History of England* had the effect that in his lifetime he was equally well known as a historian, and he also wrote essays on political (mainly constitutional) questions and on economics. All of this he saw as contributing to a single broad project, the study of human nature. His youthful masterpiece, published in 1739/40, is called *A Treatise of Human Nature*; in three books it deals with human beliefs, emotions, and moral judgements. What are they, and what produces them?

Hume's writings on these questions are shaped by a deeply held conviction about what human beings are. Equally important to him was a conviction about what we aren't, a particular delusion which had to be overcome before anything more positive would have a chance of taking hold of our minds. Remember that most great philosophy doesn't just add/subtract one or two facts to/from our previous beliefs; it removes a whole way of thinking and replaces it with another. There may be a lot of minute detail within it, but just stand back a bit and you will see that it is large-scale stuff.

The conception that Hume wanted to root out had its basis in religious belief. Taking very seriously the saying that God created us in his own

4. Hume was smarter than he looked: 'His face is by no means an index of the ingenuity of his mind, especially of his delicacy and vivacity' wrote one visitor.

image, it saw us as hybrid beings, in this world but not entirely of it. Part of us, our bodies, are natural objects, subject to natural laws and processes; but we also have immortal souls, endowed with reason and an understanding of morality – this is what makes us images of God. Animals are quite different. They have no souls, but are just very subtle and complex machines, nothing more. The really significant line comes between us and them, not between us and God. Hume wanted to move it: we are not inferior little gods but somewhat superior middle-sized animals.

God		God (?)
Humans		———
	⇒	
———		Humans
Animals		Animals

Don't miss the added '?', top-right. The left-hand column invites us to overestimate human reason. Once we get it in proper perspective we shall see both that we have drawn the line in the wrong place, and that our attempts even to think about what might be above the line are doomed to failure: we just aren't up to it.

Hume therefore has a great deal to say about the role of reason in our lives; he argues that it isn't nearly as big, or of the same kind, as his opponents thought. It then follows that much of what they took human reason to do must in fact be done by something else: the mechanics of human nature, about which he developed an extensive theory, a piece of early cognitive science as we would call it nowadays. But when Hume writes directly about religious belief (as he does quite a lot, see Bibliography) he leaves the grand theory on the shelf and applies common sense and everyday human observation. So in his essay *Of Miracles* we have another classic piece of philosophical writing that starts on your doorstep, if not actually in your living-room.

However, we mustn't assume that everything here is completely familiar. Hume is going to argue that if we believe that a miracle has occurred, when our evidence consists in other people's reports (as it virtually always does), then we hold this belief contrary to reason, since our reasons for believing that the alleged miracle did *not* occur must be at least as strong as our reasons for supposing that it did; in fact, he thinks, they are always stronger. This was a topic that he needed to approach carefully, for two reasons. Not twenty years before he published *Of Miracles* one Thomas Woolston had spent the last few years of his life in prison for saying that the biblical reports of Christ's resurrection were not adequate evidence for belief in so unlikely an event; what Hume was now about to say was by no means unrelated. Second, Hume really wanted to change the way his contemporaries, especially his compatriots, thought about religion. He couldn't do that if they didn't read him, so he had to lead them in gently.

Hence the 'Tillotson connection' that Hume parades in the opening paragraph. What could be better than to be able to say that your views are just a development of an argument recently proposed by an archbishop? Except perhaps, to be able to add that the archbishop's argument was a decisive refutation of a specifically Roman Catholic doctrine? Hume's public, most of them in varying degrees hostile to Catholicism, would feel a comfortable warm glow . . . and read on.

Before we look at the argument itself, one more question: why does Hume find it important to write about the evidence for miracles? It is part of his plan for a systematic treatment of the grounds of religious belief, and it was customary to think of these as being of two kinds. On the one hand there were those which human beings, going on their own experience and using their own reason, could work out for themselves.

On the other, there were those that came from revelation, that is to say from a sacred text or some other authority. But these present a further problem, because you could have fraudulent texts and bogus authorities; so how to tell the genuine ones? The answer was that genuine revelations are connected with the occurrence of miracles: hence their importance, as certificates of religious authority. (Ultimately, they are issued by the highest possible authority; the widely accepted view, which Hume here takes over, had it that miracles were violations of laws of nature, and therefore could only be performed by God or those God had entrusted with divine powers.) That we can never have good reason to believe in a miracle was therefore a pretty subversive claim; it amounted to saying that human reason cannot tell the bona-fide revelation from the bogus.

So now to Hume's argument. It starts at a point we all know well, because we all frequently rely on things that other people have told us. Mostly there has been no problem, but occasionally what we were told turned out to be false. Occasionally we have heard contradictory things from two people, so we knew that at least one of them was wrong even if we never found out which. And we also know a little about what leads to false reports: self-interest, protection of others, defence of a cause dear to one's heart, the wish to have a good story to tell, simple sincere mistake, uncritical belief of earlier reports, mischief, and so on. Most of us have sometime in our lives gone wrong in most of these ways ourselves, so that it isn't just from observation of others (as some of Hume's words might be taken to suggest) that we acquire this knowledge. We all know that human testimony is sometimes to be treated with caution, and under certain circumstances with a great deal of caution.

Suppose I were to tell you that last week I drove, on a normal weekday morning just before midday, right across London from north to south, and didn't see a single person or vehicle on the way – not a car, not a bicycle, not a pedestrian; everyone just happened to be somewhere else as I was passing. You might wonder whether it was an absurdly exaggerated way of saying that the roads were unusually quiet, or whether I was testing your gullibility, or recounting a dream, or maybe going mad, but one option you would not seriously entertain is that what I had said was true. Almost anything, you would tell yourself, however unlikely, is more likely than that.

That would be very reasonable of you. Even if what I said was in fact true (which is just about conceivable, since nobody was under any compulsion to be on my route at that time, so they *might* all have decided to be somewhere else) it still wouldn't be at all reasonable of you to believe it, if your only reason for believing it was that I had said so. Had you been with me and seen the empty streets yourself things might be different; but we are talking about the case in which you are reliant on my testimony.

Perhaps you can see the shape of Hume's argument beginning to appear. Given what its role is to be in underpinning religious belief, a miraculous event must surely be one which our experience tells us is highly improbable. For if it were the sort of thing that can quite easily happen, then any old charlatan with a bit of luck or good timing could seize the opportunity to qualify as having divine authority. But if it is highly improbable, only the most reliable testimony will be strong enough to establish it. Forced to choose between two improbabilities the wise, who as Hume tells us proportion belief to evidence, will opt for the alternative they find less improbable. So this will have to be the testimony of such witnesses, that its falsehood would be more improbable than the occurrence of the events it relates. And that is a tall order, since, as we have seen, the events must be very improbable indeed.

Now this leaves it perfectly possible that we might, *in theory*, have testimonial evidence that was strong enough. But it is enough to create serious doubt whether we do, *in fact*, have adequate evidence for any miracle. We know that eyewitnesses can be mistaken, or intentionally deceived. Many of us have had the experience of finding ourselves in disagreement with someone else who was also an eyewitness to the events reported, often within a day or two of the events themselves. Many reports of the miraculous come to us from people who were not eyewitnesses, and were writing or speaking years after the events in question. Most such reports come from adherents of the religion which these alleged miracles are used to support. A court of law would take the possibility that witnesses of this kind were unreliable very seriously indeed – in some cases so seriously that it wouldn't even be prepared to hear them testify.

Are there any reports of miracles which escape such doubts? It sounds as if we might have to trawl through the whole of recorded history to answer that question. But that, Hume thinks, won't be necessary. For it isn't just that a miracle has to be extremely improbable. It has to be in a sense *impossible* – contrary to a law of nature ('instead of being only marvellous, . . . really miraculous'). That was Hume's definition, and the one he expected his audience to accept. And this enables us to state the argument again in a slightly different, and more decisive, form – the form Hume preferred.

We receive a report of something – for convenience call it The Event – supposed to be miraculous. So we are asked to believe that The Event occurred, and that this was contrary to a law of nature. For us to have good reason to believe that an event of that kind would have been contrary to a law of nature, it must be contrary to all our experience, and to our best theories of how nature works. But if that is so then we must have very strong reason to believe that The Event did *not* occur – in fact the strongest reason we ever do have for believing anything of that sort.

So what reason do we have on the other side – to believe that it *did* occur? Answer: the report – in other words the fact that it is *said* to have

5. The Miracle of the Loaves and Fishes, in a sixth-century representation. Food for 5,000? Or just food for thought?

occurred. Could that possibly be so strong as to overpower the contrary reasons and win the day for The Event? No, says Hume, it could (in theory) be of equal strength, but never of greater. There might be such a thing as testimony, given by sufficiently well-placed witnesses, of the right sort of character, under the right sort of circumstances, that as a matter of natural (psychological) law it was bound to be true. But that would only mean that we had our strongest kind of evidence both for The Event and against it, and the rational response would be not belief but bewilderment and indecision.

Note the bracketed words 'in theory'. Hume doesn't think that we ever find this situation in practice, and gives a number of reasons why not. Had he lived in our time he might have added that psychological research has uncovered a number of surprising facts about the *unreliability* of human memory and testimony, but shows no sign of homing in on any set of conditions under which their reliability is completely assured. Nor should we expect it to, given the range of disruptive factors which Hume lists.

This, in essence, was Hume's argument. Unsurprisingly, it has provoked much discussion, and still does. Here are a couple of points, to give the flavour. They also nicely illustrate two features frequent in philosophical discussion and indeed in debate generally, so well worth being on the look out for: there is the criticism which, whilst perfectly true in itself, misses the point; and there is the objection that an argument 'proves too much'.

Hume, it may be said, based his argument on the thought that a miracle must be (at least) extremely improbable. But won't his opponents just deny that? They, after all, are believers. So whereas they might regard a report that – to take Hume's own example – Queen Elizabeth I rose from the dead as far beneath serious consideration, just as Hume himself would, they may regard the alleged miracle of Christ's resurrection as not very improbable at all, given who they take Christ to have been. Hasn't Hume just begged the question against them – not so much proved that they are wrong as simply assumed it?

But we should reply on his behalf that this mistakes what Hume was doing. He was asking what reasons there may be for forming religious beliefs in the first place. That the world may look very different, and different arguments appear reasonable, when one has already formed them, he would not for one moment dispute. Nor need he dispute it: it has no bearing on the central issue, which is whether a miracle can be proved, 'so as to be the foundation of a system of religion'.

So that objection is simply off target. The second is not, and gives Hume more trouble. Doesn't his argument show that it could never be reasonable for us to revise our views about the laws of nature? But that is the main way in which science makes progress; so if *that* is irrational, then any charge that belief in miracles is irrational begins to look rather less serious. 'If I'm no worse than Newton and Einstein and company', the believer will say, 'I'm not too bothered.'

Why might it be thought that Hume's argument has gone over the top in this way? Well, suppose we have very good reason to think that something is a law of nature: all our experience to date fits in with it, and our best current scientific theory supports it. Now suppose that some scientists report an experimental result which conflicts with it. Doesn't Hume's argument tell us that we ought just to dismiss their report on the spot? Our evidence that what they report to have happened cannot happen is as good as any evidence we ever have; on the other side of the question we have just – their testimony. Isn't that exactly the situation he was talking about in regard to reports of miracles?

Hume appears to be trying to pre-empt some such criticism when he writes: 'For I own that otherwise [i.e. when it is not a question of being the foundation of a system of religion] there may possibly be miracles, or violations of the usual course of nature, of such a kind as to admit of proof from human testimony . . .'. And he goes on to describe an imaginary case (philosophers often use imaginary cases to test the force of an argument) in which there are found in all human societies reports of an eight-day darkness, which agree with each other exactly as to when the darkness began and when it lifted. Then, he says, it is clear that we ought to accept the report, and start considering what the cause of this extraordinary event might have been. But he does not tell us precisely what it is about this example that makes the difference. And that was what we needed to know.

I think Hume could have made a better, and certainly a clearer, response to the threat. He might have said that in circumstances such as I have just outlined (last paragraph but one) the scientific community probably would *not* believe the report, and that they would be perfectly rational not to, until several of them had *repeated the experiment* and got exactly the same result. Belief in it would then no longer be a matter of testimony alone, but also of widespread observation. We can, and do, demand that scientific results be replicable; we can't demand a rerun of a miracle. Where for any reason no rerun is possible those making the improbable assertion have it too easy, and we ought to be as cautious in science as we should be in matters religious.

It may be, though we cannot be certain, that this is what Hume was trying to say. In the imaginary situation he describes, the report of the eight-day darkness is found in *all* cultures. At a time when communication was slow and cumbersome, and likely to be partial and inaccurate, perhaps he took his story to be one in which it was beyond doubt that all these different peoples had *independently* made precisely the same observations, so that the situation was the equivalent of running an experiment several times with exactly the same result. As I say, we cannot be certain – not even Hume, one of the best philosophical writers in this respect, is clear all the time. But we can be fairly certain that that was not *all* he was trying to say. For at the end of the paragraph from which the quotation above is taken, we find this: 'The decay, corruption, and dissolution of nature, is an event rendered probable by so many analogies, that any phenomenon, which seems to have a tendency towards that catastrophe, comes within the reach of human testimony, if that testimony be very extensive and uniform.'

Or in other words, the alleged eight-day darkness would indeed be very unusual, but there is nothing especially unusual about nature behaving out of the normal pattern from time to time. So we have no reason to regard such a thing as *impossible*, and therefore there is no real comparison with the case of a miracle at all. We could spend a long time amongst the details of Hume's essay *Of Miracles*. Many have. But our tour must move on.

Chapter 4
What am I?

An unknown Buddhist on the self: King Milinda's chariot

It is generally true of Indian philosophy that we do not know much about the people who wrote it. If we know their names, the region in which they lived, and their dates within fifty years, that counts as scholarly success. But in the case of the *Milindapañha*, the *Questions of King Milinda*, no such 'success' has been achieved – we really know next to nothing. Here a Buddhist monk, Nagasena, debates with a regional king and answers his questions. Nagasena is probably a real figure, grown legendary; King Milinda is generally thought to be Menander, one of the Greek rulers in north-west India left over from the conquests of Alexander the Great. Even that is speculative – so let us just go straight to the text.

Only a few lines into it a shock awaits us. Plato's *Crito*, we saw, is built of elements nearly all of which most readers will have found quite familiar. Hume's argument in *Of Miracles* aimed to start from everyday common-sense observations about testimony plus an unsurprising definition of a miracle, and then arrive at a remarkable conclusion by showing that it is an inevitable consequence. But sometimes authors will adopt different tactics, pitching us straight in at the deep end with an assertion which seems frankly preposterous. We should learn to ride out the shock and read on, seeking to discover what the preposterous assertion really amounts to (it may be what it seems, or it may just be an unusual way of saying something rather less startling), and why they made it. Notice that 'why they made it' means two things, both important: their reasons for thinking it true – and their motives for being interested in it, what they are aiming at. All of these points are highly relevant to the passage we are about to look at.

First, the shock. The party gathers; the king asks Nagasena's name, Nagasena tells him: 'Sire, I am known as Nagasena' – but then adds that this word 'Nagasena' is only 'a mere name, because there is no person as such that is found'. What can he possibly mean? One would have thought that Nagasena was a person, and he has just told Milinda his name; but immediately it turns out that the name is not the name of a person. So Nagasena isn't a person after all, and this even though *he* has just told the king how *he* is known and how *his* fellow monks address *him*. What is going on here?

The king, who is evidently experienced in this kind of discussion (and also has considerable prior knowledge of Buddhism), doesn't despair but sets out to get to the bottom of it. Realizing that Nagasena wasn't just speaking of himself, but intended the point he was making (whatever it may have been) to apply equally to everyone, he starts drawing what he takes to be absurd consequences from the monk's view. If it is true, then nobody ever does anything, right or wrong, nobody ever achieves anything, suffers anything. There is no such thing as a murder, for there is no person who dies. And then a little joke about Nagasena's status: there was no one who taught him, and no one who ordained him. The tactic is common in debates of all kinds: here are a number of things which we all unhesitatingly take to be true; is Nagasena really saying that they are all false? Or is he going to tell us that his view, if properly understood, doesn't have that consequence? Nagasena never takes that challenge up directly. By the end of the chapter he has given a hint, from which we can reconstruct what he might have said had he done so. But for the moment the king continues, falling into question-and-answer style reminiscent of many of Plato's dialogues.

Milinda's questioning in this passage is structured by the Buddhist doctrine of the 'five aggregates', according to which what we call a human being is a complex of five elements. Milinda calls them material form, feeling (by which they seem to have understood pleasure, pain, and indifference), perception, mental formations (i.e. our dispositions, our character), and consciousness. Exactly what these are we need not bother about, so long as we have some rough idea: the point is that *the person* is not to be identified with any of them.

That is probably what most of us would say, on a little reflection. Are we our feelings? No, we are what has the feelings, not the feelings themselves. Are we our perceptions? No, for the same reason. Are we our dispositions, our character? Well again, no – because dispositions, characters are tendencies to behave in certain ways; and we aren't the tendencies but rather *what has* those tendencies. Likewise, we aren't the consciousness; we are *whatever it is* that is conscious. The fifth item (the one that Milinda actually put first) might be more contentious, however. Mightn't the material element, i.e. the body, be the thing that is conscious, has the dispositions, the perceptions, the feelings? When asked, in effect, whether the body is Nagasena, why is Nagasena so quick to say that it isn't?

When someone presents a point as if it were pretty obvious when it doesn't seem obvious to you at all, it is good tactics to look for something unspoken lying behind it. Perhaps they are assuming that a self, a person, must be something rather pure and lofty – notice the studiously repulsive description of the body with which the king prefaces his question. Or that a self must be a permanent, unchanging thing, quite unlike a body, perhaps even capable of surviving death. Either of those assumptions might have come from earlier philosophical/religious conceptions – back to that in a moment. Or maybe from some such thought as this: matter doesn't move itself (just leave a lump of it lying around and see how much it moves), whereas an animal does – so there must be something non-material in it moving its matter. Or: even if matter does move it doesn't make coherent, directed, intelligent movements – so a body needs something to direct it.

These thoughts were commonplace long before *Questions of King Milinda* was written. Remember the importance Socrates attaches to the well-being of his soul in *Crito*; or go on to read Plato's *Phaedo* – the follow-up to *Crito*, about Socrates' very last discussion and death. 'Hold it a moment', you will say, 'that's Greece, whereas this is India'. True, but very similar ideas are found (even earlier) in the Brahminical writings sacred to Hinduism. Admittedly, Buddhism quite consciously broke away from the Brahminical tradition. But the main points of contention were animal sacrifice and the caste system (which Buddhism abandoned along with all extreme forms of asceticism), so that a great deal of that tradition remained and formed the background to Buddhism as well. The idea of cyclical rebirth to further lives of suffering, and the hope of escape from the cycle into a state of liberation (the Buddhist *nirvana* and the Hindu *moksha*), are equally part of both.

Knowing these things may help us a little in understanding the prompt 'No, sire' with which Nagasena answers this sequence of questions. But it doesn't help as much as we might wish, because it gives no hint as to why he should make the same response to the king's last question, whether then Nagasena is something else, something different from the five 'aggregates'. If anything, it might lead us to expect that he would say that Yes, it was something different, something that could leave the body and later inhabit another, that could be having certain feelings and perceptions now, and could have quite different ones in the future. But again he says 'No sire' – it is *not* something else. So the puzzle remains. And Milinda's next remark is puzzling too: he accuses the monk of having spoken a falsehood, for apparently 'there is no Nagasena'. But Nagasena never said there was – quite the contrary, it was his perplexing remark that there *wasn't* a person 'Nagasena' which set the discussion going.

You do meet traffic jams like this sometimes, and it would be a poor guide who tried to cover it up. We need some creative reading at this stage. For instance: are we to think of the king as just getting confused, and losing track of what has been said? Or is it that he simply can't believe that there is no such person, and therefore thought that Nagasena was bound to answer 'Yes' to at least one of his questions; since he answered 'No' to all of them, at least one answer must have been false, and that is the falsehood the king means when he says 'You, revered sir, . . . have spoken a falsehood'? Of those two (perhaps you can think of another?) I prefer the second. It fits better with the feeling one gets from the chapter as a whole that the king is supposed to have a mistaken view of the nature of the self about which Nagasena puts him right.

He does so (after briefly teasing Milinda about his pampered lifestyle) by asking a parallel series of questions about the king's chariot. This tradition makes constant use of similes, parallels, and analogies; listeners are brought to feel comfortable with something they find problematic by coming to see it as similar to, or of the same kind as, something else with which they are already familiar. Here the hope is that once the king has answered 'No' to all the questions about the chariot, he will see how Nagasena could return the same answer to all his questions about the person.

And he does come to see it, by the end of the chapter. But first let me mention something which no study of this text by itself could reveal, but which would surely have had an effect on anyone of Milinda's obvious learning and intelligence. In using a chariot as a parallel to a person, Nagasena is doing something both strongly reminiscent of, and at the same time shockingly at odds with, a metaphor well-known within their common philosophical culture.

6. and **7.** The image of the chariot. In a famous scene from the huge Indian epic, the *Mahabharata*, the warrior Arjuna has Krishna as his charioteer – and as his moral guide, not just his chauffeur! In the Greek example the hero Hercules takes the reins, watched over by the goddess Athena.

Plato famously compared the self to a chariot. A good deal earlier, in the Indian tradition, the *Katha Upanishad* does the same (see Bibliography). Is it now Nagasena's turn? Well, not exactly. It is as if the author were alluding to the tradition precisely to highlight his rejection of it. In Plato we read of a charioteer trying to control one obedient horse (reason) and one disobedient horse (the appetites); the *Katha Upanishad* compares the self to someone riding in a chariot, the intellect to the charioteer directing the senses, which are the horses. Nagasena doesn't mention any horses. More importantly, he doesn't mention a charioteer, let alone a rider distinct from the charioteer. That is the very picture he is reacting against. There is no permanent presence, the self, directing or overseeing. This author, in using the hallowed simile of the chariot but using it differently, is simultaneously putting his own view and signalling, to his cultural circle, just what he is rejecting.

So now the monk, following exactly the same pattern, questions the king: 'Is the axle the chariot? – are the wheels the chariot? . . .'. Milinda repeatedly answers 'No'. That isn't surprising – but much as Nagasena's answers to his questions were fairly unsurprising except for the last, so *one* of Milinda's answers will raise nearly every reader's eyebrows. This time, however, it isn't the last but the next to last. Nagasena asks whether then the chariot is 'the pole, the axle, the wheels, . . . the reins and the goad all together'. Most of us would say 'Yes; so long as we are not talking about these parts lying around in a heap but rather *in the proper arrangement*, that's exactly what a chariot is.' But Milinda just says 'No, revered sir'.

We shall shortly find out what lies behind this rather odd response. For the moment let us just notice that the king, having answered 'No' to all the questions, has put himself in the same position as had Nagasena, who immediately throws Milinda's own earlier words back at him: 'Where then is the chariot you say you came in? You sire, have spoken a falsehood . . .' – and gets a round of applause even from Milinda's supporters. But the king is not for caving in. That was no falsehood, he says, for 'it is because of the pole, the axle . . . and the goad that "chariot" exists as a mere designation'. Just so, replies Nagasena, and 'Nagasena' exists as a mere designation too, because the five 'aggregates' are present. And he quotes the nun Vajira:

> Just as when the parts are rightly set
> The word 'chariot' is spoken,
> So when there are the aggregates
> It is the convention to say 'a being'.

The king is impressed, and the chapter ends happily. But just what (you may well ask) have he and Nagasena agreed on? That 'chariot', 'self', 'person', 'being', and 'Nagasena' are conventional terms? But aren't *all* words conventional – in England 'cow', in France 'vache', in Poland 'krowa', whatever local convention dictates? Surely they are telling us more than that?

Indeed they are. This is not about the conventionality of language; it is about wholes and their parts, and the point is that wholes are in a sense less real, less objective, and more a matter of convention, than are the parts that compose them. To begin with, the parts are independent in a way that the whole is not: the axle can exist without the chariot existing, but not the chariot without the axle. (As the German philosopher Gottfried Wilhelm Leibniz (1646–1716) said much later, wholes have only a 'borrowed' reality – borrowed from the reality of their parts.) Furthermore, what counts as a whole is not given by nature, but depends to some extent on us and our purposes. If from a chariot we remove the pole and one of the wheels, the collection of parts that remains is not incomplete in itself, but only with regard to what we want chariots for.

But why does all this matter? Why did Nagasena provoke this conversation in the first place? Not just to pass the time, we may be sure. The point is important to him because he holds that what we believe has an effect on our attitudes and through them on our behaviour. That, surely, is perfectly reasonable: those, for instance, who believe that the word 'God' stands for something real might be expected to feel and perhaps also behave differently from those who think it is just a socially constructed way of speaking. To use the jargon: our metaphysics (what we think reality is fundamentally like) can affect our ethics. Now on the Buddhist view the purpose of philosophy (indeed the purpose of Buddhism) is to alleviate suffering; there is no point in it if it doesn't. And a major cause of suffering is overestimation of the importance of the self, its needs, and its goals: 'clinging to self', as Buddhists say. So any change of belief which downgrades the status of the self in our eyes is helpful. A Tibetan text says: 'Believing the ego to be permanent and separate, one becomes attached to it; . . . this brings on defilements; the defilements breed bad *karma*; the bad *karma* breeds miseries . . .'. That is why it matters.

Can Nagasena be said to have proved his case in this chapter? Has he really shown that there is no abiding self, just an unstable composite which it is convenient to call a person? Surely not. Even if we accept everything which he and Milinda say about the chariot, it would still have to be argued that the chariot analogy is reliable when it comes to thinking about a person, yet on that point Nagasena says nothing at all. So like most analogies, this one is useful as an illustration or explanation of what the doctrine about the self means, but not as evidence that it is true. Nor do we learn why he gave the crucial answer ('No, sire') to the king's final and crucial question, the one to which a supporter of the permanent self would have said Yes: 'is Nagasena apart [distinct] from material form, feeling, perception, mental formations and consciousness?'

So our provisional verdict must be 'unproven'. But we might ask ourselves whether this question ('Has Nagasena proved his case?') is the right question to be asking. Perhaps it is, if we are trying to make up our minds about the nature of the self; but if we are trying to understand what is going on in the chapter we have been reading, perhaps not. Remember that this is a branch of the tradition that gave us the guru, the authoritative spiritual teacher. In Nagasena's eyes the authority for what he was saying would ultimately be the word of the Buddha; his own business is to convey the right doctrine in lively and memorable terms. The demand for compelling logic is best reserved for a writer like Hume, to whom it is appropriate because he is genuinely trying to meet it.

Some readers may feel a nagging worry. Buddhists, just as much as Hindus, believe in rebirth – the present Dalai Lama *is* his predecessor, reborn. But if there is no self beyond the five 'aggregates', what is there to be reborn, what is it that migrates from one body to the next? How did they reconcile these two doctrines? All I can say here is that they were fully aware of the problem. It leads to a lot more Buddhist metaphysics, which our all too brief tour can't even make a start on. But if you have in your hand the edition of *Questions of King Milinda* recommended in the Bibliography, turn to pp. 58–9 and read the section entitled 'Transmigration and Rebirth' – just to begin to get the flavour.

Chapter 5
Some themes

The three examples we have been looking at touch on a number of general themes, ideas whose significance goes well beyond that of any single text or for that matter any single school or period. Now I shall pick half a dozen of them out for special attention. To what extent a question can legitimately be considered in abstraction from the particular historical contexts in which it was raised and (perhaps) answered is itself a philosophical question, and no simple one; I shall say something about it in the closing section of the chapter.

Ethical consequentialism

Don't be frightened by the heading. It is just the trade name of the doctrine that how good or bad something is has to be judged by looking at its consequences. In *Crito*, as we saw, Socrates was weighing the consequences of the actions open to him, the results for his friends, his children, himself. But there were also considerations about what had happened in the past, not what would result in the future: his past behaviour meant that he now had a duty to the State, which required him to accept its judgement and punishment. I suggested at the end of that chapter that if philosophers were going to solve our moral problems they were first going to have to convince us that moral matters are really less complicated than they appear to be. One such attempt is consequentialism: *no* moral reasons are backward-looking; proper moral reasons all look to the *consequences* of our actions.

So the idea is that something is good if it has good consequences, bad if it has bad ones. But, you will immediately notice, that doesn't tell us much; we still need to be told which consequences are good ones, which are bad ones. Just repeating the formula (saying: consequences are good when they themselves have good consequences) gets us no further. A consequentialist must be willing to recommend certain things, or states of affairs, as being good *in themselves*. In their case, goodness does not consist in having good consequences – they just are good. Other things are good only to the extent that they lead to them – the things that are good in themselves.

That means that consequentialism isn't any single ethical doctrine, but a general type of doctrine which can take very different specific forms depending on what is held to be good in itself. If you think that the only thing good in itself is pleasure you will live very differently from someone who thinks that the only thing good in itself is knowledge. So even if we could all agree to be consequentialist in our ethical thinking, very little would have been settled.

You might now wonder why we should be so exclusive: why can't lots of different things be good in themselves: pleasure, knowledge, beauty, love – just for starters? That sounds very reasonable. But if what we were hoping for was a moral theory that would make it fairly simple for us to decide what we ought to do, then it is a big step in the wrong direction. Once we agree to take more than one basic value into account we will inevitably find that our values sometimes come into conflict. I might quite often be in a position to promote one value (i.e. do things which have *that* sort of consequence) or another, *but not both*. Which should I choose? If Socrates had had to choose to between risking his friends' lives and damaging his children's education, which should he have chosen? How lucky for him that he didn't! What an advantage if we could settle on just one basic value, and measure everything else by the extent to which it leads to that one thing.

No surprise, then, that there have been ethical theories of just that kind. An early one, well worth reading about, is that of Epicurus (341–271 BC). For him and his followers, the one and only thing valuable in itself was pleasure. But don't expect him to recommend orgies and banquets interspersed with periods of relaxation on the beach of your private island. Because what Epicurus meant by pleasure was not that at all: it was *absence of pain*, both physical and mental. This completely untroubled state, he thought, was as great a pleasure as any. What we immediately think of as pleasures are just different, not more pleasant. This point, and his advice on how to achieve and maintain the ideal state, he appears to have argued for with subtlety and wisdom. I say 'appears', because we have very little from his own hand; although he wrote prolifically, our knowledge of him mostly comes from later reports.

8. Marble head of Epicurus, in the British Museum.

A modern and more accessible theory of this type was propounded by John Stuart Mill (1806–73) in his famous essay *Utilitarianism*, where he cited Epicurus as one of his philosophical ancestors. Mill declared the one thing valuable in itself to be happiness – defining it as 'pleasure and the absence of pain' (though without holding, as Epicurus had, that the absence of all pain was itself the greatest pleasure). But there is a very significant difference between Mill and Epicurus. For whereas Epicurus seems to have been concerned to advise individuals how best to secure *their own* pleasure/tranquillity, Mill was a social reformer whose ethical principles aimed at the improvement of life (i.e. happiness) for *everybody*. (A similar division is found in the history of Buddhism: is the highest ideal the personal attainment of nirvana, or is it to bring all beings to nirvana, oneself included?) 'Let everyone seek to be free from pain and anxiety', says Epicureanism; though it may well add: 'Helping those around you to do so will probably help you achieve it too – and if so, help them.' For Mill, by contrast, the primary goal is, quite generally, happiness; so anyone else's happiness is just as much your goal as is your own, and any person's happiness is of equal value with anyone else's.

Mill's aspirations went beyond his own society – he even writes of improving the condition of the whole of mankind. This was Victorian Britain, and the British Empire pretty much at its zenith (Mill himself worked for the East India Company for over thirty years). But it would be unfair to think of him as an interfering moral imperialist. He didn't want to tell anyone how to be happy; only that everyone should be provided with the material goods, the education and the political and social liberties to work out their own happiness in their own way. Many will find this universality of Mill's basic ethical principle admirable. Some may also wonder whether it can be realistic to ask human beings to spread their moral concern so widely and so impartially. Are we capable of it? And what would life be like if we really tried?

These questions, especially the second, have led some philosophers to think that Mill's doctrine conflicts with another value which nearly all of us regard as very important to us. We have already seen it at work in the *Crito*.

Integrity

One thing that weighed with Socrates, you remember, was the line he had taken at his trial. How could he now choose exile, having explicitly rejected that option when given the opportunity to propose an alternative to the death-sentence? 'I cannot, now that this fate has befallen me, throw away my previous arguments.' As a soldier, he told the court, he had faced death rather than do what was wrong; he will not now do what seems to him to be wrong just to prolong his life.

These thoughts capture a central aspect of the virtue of integrity. Integrity means wholeness, unity; the idea of integrity as a value is the idea of a life lived as a whole rather than as a series of disconnected episodes. So it includes steadfast adherence to principles, and to opinions unless new reasons or evidence appear. Relatedly (and equally applicable to Socrates' case) it includes the value of consistent pursuit of those chosen projects which give purpose and meaning to one's life. And it can also be taken to exclude self-deception and hypocrisy, states in which people are in one way or another at odds with themselves.

So how comfortably does the ideal of integrity fit with Mill's utilitarianism? Not very comfortably at all, some think. For however sincere your commitment to some principle in the past, that fact by itself does not give you – if we take Mill's position seriously and literally – any reason to follow it again now. If in the past your commitment to that principle has consistently led to good effects (measured in terms of happiness), then *that fact* gives you at least some reason to think that it will do so again – which *is* a reason to follow it now. But your commitment to it, however sincere, however much it has become a part of your personality, is not. Critics of Utilitarianism question whether we can really live with that way of thinking.

You might like to consider whether Utilitarians can defend themselves against that charge. If they can't, things look bad not just for them but for most other types of consequentialist too. For in the last paragraph it wasn't important to think of effects being assessed in terms of happiness; I might have written almost anything instead of 'happiness' without affecting the argument. So really this is an attack on consequentialism – of which utilitarianism is only one variety. Anyone who feels that the attack succeeds must accept that the consequences of an action are (at most) only one aspect of its value, and that deciding whether it was right or not may involve a subjective compromise between factors of completely different types.

Political authority – the contract theory

States make demands of their members which would be deeply objectionable if coming from a private person. Tax, for instance. Why is it permissible for the State to appropriate a certain proportion of my income when, if you were even to attempt it, you would be guilty of extortion or 'demanding money with menaces'? Or is it just that the State gets away with it – by being easily the biggest menace around?

Now most political theorists hold that the State does have some legitimate authority, though there is less agreement about how much – in other words, about how far this authority can extend whilst remaining legitimate. Opinions range from totalitarian conceptions, which assign to the State power over all aspects of individuals' lives, to minimalist conceptions, according to which it can do what is necessary to keep the peace and enforce any contracts its members may make with each other, and scarcely anything more. But except for the very few who jump off the bottom end of this scale ('States have no legitimate authority at all'), everyone faces the question how State authority over individuals arises.

An answer with a long history – we have already seen a version of it in *Crito* – is that it arises out of some kind of contract or agreement between individuals and the state of which they are citizens. It is a very natural answer. A person might agree to accept the authority of another (in a certain area of activity) because he saw substantial benefit (for himself) in doing so, and in return for that benefit. Most would accept that such an arrangement legitimates the other's authority over him as far as their agreement reaches, provided that agreement was voluntary. Though natural, it is not the only answer worth considering. Another would be that the stronger has natural authority over the weaker, and this authority is legitimate *so long as* it is used for the weaker's benefit. That might be a good way to think of parents' authority over their infant children, for instance. But if we allow the weaker to be the judges of whether they are benefiting or not, then we are very close to saying that the power is legitimate only so long as they accept it. Whereupon we are back in the neighbourhood of a 'tacit consent' theory, like the one that the Laws and State of Athens appealed to against Socrates (p. 20 above). Unless we allow that superior force makes authority legitimate ('might is right'), or that God has granted authority to certain persons or institutions (the 'divine right of kings'), it isn't easy to avoid the contract theory in some form or other.

There are several forms of it because of the wide variety of answers to the question '*Who* makes *what* contract with *whom*?' Since we were speaking of every individual's obligation to the State we might suppose that everyone must individually be a party to the contract (that would appear to be the drift of Socrates' approach in *Crito*); but some theorists write as if it were enough that one's ancestors, or the founders of one's society, should have been party to it. And regardless of that question, is the contract made with the whole of society (so that you contract to go along with the decisions of the whole body, of which you are yourself a member)? Or with some distinct sovereign person or persons to whom you then owe allegiance? You can see that the resulting difference in the constitution may be enormous: anywhere from social democracy to absolute monarchy.

And what is the contract? In what circumstances can the individual properly regard the contract as having lapsed? The famous contract theory of Thomas Hobbes (1588–1679), which we shall return to in Chapter 8, has it that the sole benefit that the contracting individual can rightfully demand is the preservation of their life: the sovereign puts up a stop to the murderous, thieving lawlessness of the pre-contractual situation, and organizes defence against attack from without. If that fails, all bets are off; otherwise, complete obedience.

Epicurus had something pertinent to say: 'He who knew best how to meet the fear of external foes made into one family all the creatures he could.' Even Hobbes granted families a certain natural exemption from the war of all against all. In troubled times families are the groups most likely to hold together, and are the best model for co-operation and allegiance. (Some readers may find that idea out of date – but perhaps that is so because, and in places where, times are easier.) In Plato's prescription for an ideal state (*The Republic*) he in effect abolishes the family – no doubt he had seen much family-centred intrigue and corruption. A plurality of cohesive units within it must be dangerous to the power of the State and its capacity to preserve peace. If there is to be a family it is best that there should only be one – as Epicurus' remark implies – and that the State (recall *Crito* 50e ff.) be thought of as everyone's parent.

Evidence and rationality

Rationality is what you've got if you have some capacity to reason: to work out, given certain truths, what else is likely to be true if they are; perhaps also (though you need rather more rationality for this) *how*

9. **Beyond the family, anything goes. Hobbes's state of nature?**

likely. It is the quality of mind Hume was talking about when he said, in *Of Miracles*, that a wise man proportions his belief to the evidence.

Forming the right beliefs, with the appropriate degree of confidence, isn't the only manifestation of rationality however. A familiar situation is that in which you want to know whether a certain thing is true or not ('Was it the butler who did it?' 'Have we any bread in the house?'), and here your rationality will show at least as much in what evidence you seek out, as in what you believe once you have got it. As well as powers of investigation, we also have a capacity for rational choice: given certain desires, to choose a course of action likely to lead to their fulfilment. And our reason is sometimes, though controversially, assigned a further function: not just to tell us what we ought to do, *given* that we have certain goals, but in addition to tell us what goals we ought to have. There is an influential heavyweight on either side of this tricky question, with Kant affirming that reason does have such a power, Hume denying it. (To my mind Hume and his followers have slightly the better of it, though battle continues.) But here we stick with the issue of belief and evidence.

Why should we be interested in having evidence, or being able to offer reasons, for our beliefs? Because it makes it more likely that they will be true; and it makes us more confident that they are true. Both are important. We want our beliefs to be true, because we use them to direct our actions, and actions directed by true beliefs are on the whole far more successful. (Compare the actions, and the success rate, of two people both wanting a beer: one believes – falsely – that the beer is in the fridge, the other believes – truly – that it is still in the car.) And it helps if we hold our true beliefs confidently, because then we go ahead and act on them, rather than dithering about.

Those are practical considerations, influencing all of us all the time. There may also be theoretical ones, having to do with our philosophical self-image: we (some of us, at certain periods of history) may like to think of ourselves as essentially rational beings in whose lives reason plays an absolutely central role. For a long time philosophers took rationality to be the crucial feature distinguishing humans from other animals. (You can see Hume contesting this view in *Of the Reason of Animals*, the section immediately before *Of Miracles*.)

The idea that reason is absolutely central to human life is a rather vague one, so it isn't the sort of view one could ever prove, or definitively refute, and it would be a bad misjudgement to try. Nevertheless many things can be said that are relevant to it.

The first was well-known to the sceptics of ancient Greece. Suppose you hold some belief (call it B), and you ask yourself what reason you have to hold it. So then you think of some reason (call it R). This R cannot be something you have just dreamt up. You must have a reason to think that *it* is true, if it is to give you a reason for believing B. This further reason can't be B itself, or R again (that would be to give a belief as a reason for itself, which seems like nothing more than reasserting the belief, and is often called 'begging the question'), so it must be something else – whereupon the same argument repeats. This suggests that the idea that we have reasons for our beliefs is just a local appearance, which disappears as soon as we try to look at the wider picture: 'reasons' turn out to be relative to certain other beliefs for which we have no reasons. The search for a satisfactory response to this argument has structured a whole area of philosophical inquiry known as epistemology or the theory of knowledge.

Add that some of our most basic beliefs, beliefs without which we just couldn't get on with our lives, are very hard to find any decent reason for. A much discussed example is our confidence that things will continue much as they have in the past: your next breath of air won't suffocate you, the floor won't collapse when you take your next step – and hundreds of other things of that kind. With what reason do we believe them? Don't answer: that sort of belief has nearly always worked. True, but that is just another example of what has happened *in the past*, and what we wanted to know was why we expect the future to go the same way.

So if the idea was that human belief can be made through and through rationally transparent, or that human life could run on reason alone, then it faces formidable obstacles. But it remains the case that human powers of reasoning, acquiring beliefs by inferring them from previous beliefs, are more than just important to us. Without them there would be nothing recognizably human left except the shape of our bodies, and the average chimp would run rings round us, literally and figuratively.

The self

Chapter 4 introduced the Buddhist 'no-self' doctrine, according to which a person is not a simple, independently enduring thing but a composite, and an easily dissoluble composite at that, of the five 'aggregates', which are themselves complex things or states. But that is not the only tradition in which we find the view that a self is really a whole lot of separate things precariously holding together. It appears in the modern West as the so-called 'Bundle theory of the mind', and is almost invariably attributed to Hume. (In your guide's personal opinion it is very doubtful whether Hume actually held it, but I'll skirt round that controversy here.)

So suppose there is some simple, independently enduring thing – you – which just continues the same so long as you exist. Where is it? Look into your own mind and see if you can perceive it. What do you find? In the first place, you notice that you are experiencing a motley of perceptions: visual perceptions of the way your surroundings look, auditory perceptions of the way they sound, perhaps also a few smells, tactual sensations of pressure, roughness, warmth, and suchlike, from touching nearby objects. Then sensations of tension in certain muscles, awareness of bodily movements. All these are continually changing as your position changes and surrounding objects themselves change. You might also feel a slight ache in your foot, or in your forehead; and be aware of a train of thought, perhaps as images or a silent sequence of half-formed sentences. But there is no sign, in this shifting kaleidoscopic complex, of that object 'the self', just steadfastly persisting.

Why then suppose that there is such a thing? Well, someone will say, it's clear that all *these* experiences, *my* experiences, somehow belong together; and there are other experiences, those that are not mine but *yours*, which also belong together but don't belong with *this* lot. So there must be one thing, me, my self, which is having all my experiences but isn't having any of yours, and another thing, your self, doing the reverse.

Supporters of the bundle theory reply that nothing of the kind follows. What makes all my experiences hang together doesn't have to be a relation they all stand in to something else; it might be some system of relationships that they all stand in *to each other* (but don't stand in to any of yours). Think of a lot of shreds of paper which form one group by virtue of all being pinned to the same pincushion (the model of the central self) – and a collection of iron filings which form one bunch because they are all magnetized and therefore cling together (the model of the bundle).

You will have noticed the affinity between these thoughts (adapted from Hume, *A Treatise of Human Nature*, book 1, part 4, section 6 (1738)) and those of the Buddhist author from our Chapter 4. But there are also differences, one of the most significant being the status they give to the body. The Buddhist didn't hesitate to include the body ('material form') as one of the five aggregates that compose the person, whereas the eighteenth-century version doesn't even bother to exclude it, but just ignores it completely. Hume writes first 'self', then 'self or person', then 'mind', as if these were obviously the same, so that 'What is the self (or person)?' and 'What is the mind?' are for him just two ways of asking one question. Such was the change of climate brought about by centuries of religious thought deeply influenced by Plato and Neoplatonism, with their emphasis on the soul and the spiritual and their denigration of the bodily.

There is also another, huge, difference. When presented with a philosophical doctrine it is always a good idea to ask what happens next – that is to say, what its proponents want to do with it. The Buddhists, we saw, had an ethical purpose in mind. The 'no-self' theory would help us to live better, keep clear of 'defilements', avoid suffering more successfully. Hume's next move was utterly different, having nothing at all to do with ethics but quite a lot to do with what we now call cognitive science. If we do not perceive the enduring self, why then do we believe that we are the same person from day to day? And he proposed a psychological theory to account for it. (It was by today's standards a pretty naïve one, but that is only to be expected.)

We are not so much comparing two individuals as two epochs. Nagasena's was the age of survival, Hume's the age of science. Where there is such a difference in the plot, no wonder if a similar thought turns up playing a very different role. Which leads straight into our next topic.

Philosophy and historical context

Could Plato and Hobbes, 2,000 years apart, with their different backgrounds and circumstances, really have been discussing the same thing? Could a philosopher nowadays be asking the same questions about the self as Hume did, let alone the early Buddhists? Doesn't the idea that we can talk about philosophical themes without reference to whose and when make them sound like timeless objects that thinkers of any epoch can plug into? That view would be quite the opposite of popular nowadays. All thought, we repeatedly hear, is 'situated' – tied to the particular historical, social, and cultural circumstances in which thinkers find themselves.

I certainly don't wish to recommend the belief that there are eternal questions just hanging around waiting to be asked. But the view that no question or answer has any existence beyond the specific circumstances of whoever poses it is possibly even worse, and certainly no better. Part of the attraction of such extremes is that they are very simple, somewhat in the pantomime style of 'Oh yes it is – Oh no it isn't'. As so often, the truth lies in between, and is much more complicated. One can approach this topic in many ways, but I'll choose this way: is it legitimate to treat the thought of someone long since dead as a contribution to a present debate, as if it were being put to us, here and now? I think it is, and that there are even reasons why we should. But it needs to be done with care and – most importantly – with an eye to what we may be missing.

There is nothing to stop us lifting a sentence from an old text and seeing what it can do for us now. If we want to lift the *thought*, not just the sentence, we may have to put some work into deciding what the sentence meant. If we aren't prepared to do that we shouldn't expect too much of it, and we certainly shouldn't disparage its author if we don't get too much from it. But given that precaution we will often find it relevant to our concerns, because much philosophy arises from facts about human beings and human life which are pretty stable – at any rate they haven't changed much over the last 3,000 years.

Finding something relevant is one thing, finding it convincing is another. Suppose we dismiss Plato's and Hobbes's arguments as insufficient to establish the extent of the authority they ascribe to the state. There is something right about this: no doubt their arguments are insufficient. But if we then turn away, taking our business with them to be finished, we risk making a number of mistakes.

One is that though we may have understood what they have written we have not understood *them* – their concerns about what political thought needed, the circumstances that gave rise to these concerns and so made their conclusions attractive to them. So we may be missing the humanity behind the text, and with it an important aspect of what philosophy is for. Furthermore, whenever there is any uncertainty about what they meant, understanding why they were saying it is often a valuable means of resolving the ambiguity. In showing no interest in their motivation we take a risk with our understanding of their words.

A second point is that our appreciation of a philosopher's achievement will be seriously blunted if we do not see the intellectual and emotional circumstances out of which their work grew. I proposed earlier that we think of philosophy as bewildered mankind's attempt to think our way back straight. That is not a story that can be appreciated without some understanding of the circumstances in which thinkers have found themselves.

So 'Is this right?' is certainly not the only question we should be thinking about. Still, there is something wrong with refusing altogether to ask whether our philosopher was right, or whether their arguments are convincing, merely because they lived long ago. After all, Plato did not take himself to be writing just for his own time and place. On the contrary, he is constantly trying to direct our attention away from the transient and towards what he believes to be permanent, and it seems deeply condescending (or possibly self-protective?) to dismiss his further ambitions without making any honest attempt to assess them. 'There, there, designed his own ideal state, has he? – what a clever little fellow.'

I hope that you are now beginning to notice something rather encouraging. The literature of philosophy may be intimidatingly vast, but the number of genuinely distinct philosophical themes is not. It is somewhat too large for the compass of this very short book, admittedly, but it is not enormous. We have already seen links across 2,000 years between Epicurus and Mill, Plato and Hobbes, Hume and the author of *Milinda*. The problem lies not in becoming familiar with the recurrent themes, but in being sensitive to the variations as different thinkers play them again in their own way for their own purposes. And what this means is that one's understanding of philosophy is cumulative, and accumulates rather quickly. Which must be good news.

Chapter 6
Of 'isms'

From football to gardening and back via cookery, mountaineering, and population genetics, every subject has its own terminology. Philosophy certainly does, most of it fortunately not nearly as frightening as it looks. In Chapter 4 we saw 'metaphysics', meaning the study of (or opinions about) what reality is like in its most general features. In Chapter 5 we encountered 'consequentialism', the blanket word for theories that see the value of anything in its consequences rather than in its own nature and its history; then 'epistemology', the branch of philosophy concerned with knowledge, belief, and closely related notions like reasons and justification. Now let's look at some more words, all of them ending in 'ism'. This isn't a matter of swotting up vocabulary – rather of finding out more about philosophy as you learn more of the jargon.

Most philosophical 'ism' words are (like 'consequentialism') quite broad terms designating a certain general type of doctrine. Their breadth makes them very flexible, and ensures that they are in constant use, but it also brings dangers, principally that of taking them to say more than they really do. Never think that you have got a philosopher sorted out just because you can say what 'ism' he represents. The philosophy of George Berkeley (1685–1752) is a form of Idealism, and so is that of Hegel (1770–1831); but I have never heard it suggested that having read either would be any help in understanding the other – their thought is miles apart. Karl Marx (1818–83), on the other hand, certainly wasn't an Idealist (which is actually a term of abuse in the Marxist vocabulary), but he is in many respects extremely Hegelian, and that a student should get to know something of Hegel before reading Marx seems the most obvious advice imaginable.

With that warning uttered and illustrated, let us begin with *dualism*. It can be used of any view which recognizes (exactly) two contrasting forces or entities, so that a theology which posits two basic powers in conflict, one good and one evil, is said to be dualistic. But by far its most common meaning is a doctrine according to which reality consists of two very different kinds of thing or stuff, namely mind and matter; a human being consists of a bit of each. Perhaps the most famous exponent of dualism in this sense is the Frenchman René Descartes (some of whose work we shall be looking at in the next chapter). In fact, some enemies of dualism, and there are plenty of them nowadays, seem to want to blame it all on him. (That is historically dubious, to say the least – Descartes was merely trying to give cogent proof of a doctrine that is *very* much older.)

Dualism certainly has its problems, especially if it is to be combined with modern scientific theory. One tricky question is: what does the dualist's mental stuff actually do? We naturally suppose that what we think, what we feel, what we are aware of, affects our behaviour. If I *think* that the train leaves in ten minutes, *want* to catch it, and *see* a signpost saying 'Railway Station', I will go in the direction I *believe* the signpost points. This means that my (physical) body goes somewhere it wouldn't otherwise have gone. But doesn't scientific theory suggest that all physical events have other physical events as their causes? In which case how can there be room for something *else*, of a non-physical kind, to cause my body to move? Dualists may just have to grit their teeth and say that science is plain wrong about that. For if they agree that science is right on that point, and if they agree (and it would be weird not to) that what we think, feel, etc. affects what we do, then the consequence is that thinking, feeling, awareness, and so on must be *physical* processes. In which case the question comes round again: what does this non-physical stuff of theirs, this 'mind', actually do? But dualists can't *just say* that science is wrong about all physical events having physical causes. That won't convince anyone who wasn't convinced to start with. They will need some reason for saying that there is something about us which cannot be physical. When we come to Descartes we'll see something of what a dualist might have to offer on that score.

So, you may be thinking, if dualism is the view that there are two ultimate sorts of stuff, mind and matter, probably we also find a doctrine that says there is only matter, and another that holds that there is nothing but mind. And you're quite right. The first is called *materialism*, the second *idealism* (not mentalism), and both have plenty of history.

The earliest materialism of which we have clear record is that of the Indian Lokāyatas, often known as Cārvākas after one of their most eminent thinkers (incidentally, pronounce 'c' in these Sanskrit words as 'ch'). Remember them if you find yourself slipping into the common error of imagining that all Indian philosophy is mystical, religious, and ascetic. Only perception confers knowledge, and what you can't perceive doesn't exist, they reckoned. The eternal soul that, as the Brahmins suppose, passes on from life to life, is a fiction. You have one life and one only – try to enjoy it. The movement appears to have survived for over a thousand years; unfortunately, just about all we now know of it comes from reports written by its opponents.

In Greece Democritus – a fairly close contemporary of Socrates – propounded a theory which, until twentieth-century physics changed the picture, sounded very modern: the universe consists of myriads of very small material particles moving in a vacuum or void. These little things are called 'atoms' (from the Greek for uncuttable or indivisible);

they and the void they move through are literally everything there is. This rather good guess was taken over by Epicurus (we've seen him already) and his school, but the easiest place to read about it is in a famous work by Lucretius, a Roman admirer of Epicurus, called 'Of the Nature of Things' (or 'Of the Nature of the Universe' – depending on which translation you have got hold of).

You might expect materialism to be completely incompatible with any sort of religious belief – as the case of the Lokāyatas appears to confirm. But watch out for surprises! The Epicureans believed in gods, but then held (as consistency demanded) that they had bodies made of a very refined type of matter. (They live somewhere a very long way from here in a state of divine bliss and untroubled happiness – paying not a wink of attention to human life. Opponents said this was just a way of being atheists without admitting it.)

The word 'materialism' as it occurs in everyday usage is rather different. A 'material girl' isn't a girl who consists of matter only – though if philosophical materialists are right that is all she consists of, and so does the material world she lives in. But the everyday 'materialism' which some bemoan and others just enjoy isn't wholly unrelated to the philosophers' sort. Madonna's material girl derives her pleasures mostly from material objects – their ownership and consumption – in preference to the pleasures of the mind. Everyday materialism is the attachment to what is – now in the philosophers' sense – material, as opposed to what is spiritual or intellectual. The philosophy of Marx came to be called dialectical materialism, not so much because he held that there is literally nothing but matter as because he held that the most important underlying causes in human life are material: economic facts about the way in which a society produces its material goods. (What 'dialectical' meant we shall see in Chapter 7 when we encounter Hegel, below, p. 81 ff.)

Idealism is also a word with an everyday as well as a technical meaning.

At the technical end it is applied to views that deny the existence of matter and hold that everything there is is mental or spiritual, like that of the Irish bishop George Berkeley, whom we mentioned earlier. Someone who tells us that had better explain, in the next breath, what then are these things like chairs and mountains that we keep bumping into and falling off. When he heard it said that Berkeley could not be refuted, the celebrated man of letters Dr Johnson is reputed to have answered: 'I refute him thus', and kicked a stone. But refuting Berkeley isn't that easy. (I use the word 'refute' to mean *showing* that something is wrong, not just *saying* that it is wrong – which of course is very easy indeed and can be done by anyone, especially someone like Dr Johnson, who was rarely short either of an opinion or of a memorable way of expressing it.)

Perhaps Berkeley can be refuted, but only if we can somehow overcome the following well-worn line of thought. What I am really aware of when I look at a table is not the table itself but *how the table looks to me*. 'How it looks to me' describes not the table, but my mind – it is the state of consciousness which the object, whatever it is, produces in me when I look at it. And this goes on being true however closely, or from however many angles, I look at the table; and it goes on being true if I *touch* the table – except that then the object (whatever it is) produces a different kind of state of consciousness in me, tactual sensations as opposed to visual. If I kick the table (or Dr Johnson's stone) and it hurts, that is yet another state of my consciousness. Admittedly, these states of consciousness fit together very nicely; we quickly learn from a very few of them to predict quite accurately what the rest are going to be like – one glance, and we know pretty much what to expect. But the table itself, the physical table, isn't so much an established fact as a *hypothesis* that explains all these states of perceptual consciousness. So it might be wrong – some other hypothesis might be the truth. Berkeley himself thought precisely that, though partly because he believed he had proved that the very idea of a non-mental existent was incoherent. (I'm not going to trouble you with his supposed proof here.) Believing as he did in a benevolent and all-powerful god, he made His will the direct cause of our states of consciousness and declared matter redundant – as well as incoherent.

Hume – again – made a nice comment. Berkeley's arguments, he said 'admit of no answer and produce no conviction'. However impossible we may find it to believe Berkeley's denial of matter, a convincing proof that he just *couldn't* be right has been extremely elusive. I myself don't believe that there is one – though neither, you won't be surprised to hear, do I believe Berkeley.

Some philosophical systems (like Hegel's) qualify as idealism not because they deny the very existence of matter but because they regard it as subordinate to the mental or spiritual, which is what really determines the nature of reality and gives it purpose. This use of 'idealism' parallels the use of 'materialism' we noticed above, in its application to the philosophy of Karl Marx. But when we come to the everyday notion of idealism the parallel with 'materialism' fails. A materialist's attention is fixed on material goods as opposed to mental, spiritual, or intellectual ones; whereas an idealist is not someone always focused on the latter rather than the former, but someone committed to *ideals*. And ideals are essentially *things of the mind*, because they are the thoughts of circumstances not in fact found in reality, but which we can strive to approach as nearly as the conditions of life permit. The mental nature of ideals makes the connection between the everyday usage of the word and the technical one.

Two more 'isms' of which one hears a lot, and which tend to occur together as a pair of supposed opposites, are '*empiricism*' and '*rationalism*'. Whereas 'dualism', 'materialism', and 'idealism' belong to metaphysics (what sorts of thing are there?), this pair belongs squarely to epistemology (how do we know?).

10. Every subject talks its own talk.

In a rough and ready way we all make a distinction between perceiving and thinking. It is one thing to see the objects on your table, notice that one is a pen and one a computer; it is another thing to think about them, wonder if they still work, or what to do if they don't. And we are used to the idea that astronomers spend long hours looking at the sky, whereas mathematicians just seem to sit there working things out, feeling no need to look at anything at all except what they themselves have written down. So here, on the face of it, are two quite different ways of acquiring knowledge. Some philosophers have favoured one of them at the expense of the other: 'empiricism' is a very general word for doctrines that favour perceiving over thinking, 'rationalism' for doctrines that favour thinking over perceiving.

There may have been philosophers who held that only what could be perceived could be known, so allowing no cognitive powers at all to thought, inference and reason. Something of much that kind is reported of the Lokāyatas, whom we met above in connection with materialism.

According to some reports of their thinking they went even further, saying that only what can be perceived exists. If so (but remember that all the reports we have were written by their opponents!), they surely overreached themselves. Nobody who thinks that knowledge is only of what you have perceived can claim to know that nothing imperceptible exists, since that isn't something you could possibly perceive. (It would make as much sense as claiming to be able to *hear* that nothing inaudible exists.)

An empiricist who holds that only perception yields knowledge need not be saying that the process of perception itself involves no thought whatever, so that we can have as it were pure perception untainted by any thinking. Even to look at my table and see that there is a pen on it requires more of me than just passively registering the light patterns that enter my eyes. I need to know a little about pens, at the very least about what they look like, and then bring this knowledge to bear, otherwise I shall no more *see a pen* than does the camera with which we photograph the pen. Perception is interpretative, whereas cameras merely record patterns of light. So a less crude empiricism will allow that classification, thought, inference, and reason all have their legitimate role. But it will take its stand on the point that they cannot generate a single item of knowledge on their own. It may be true that there is no thought-free perception; but it is also true that there is no perception-free knowledge. All claims to knowledge answer, in the end, to perception; it may be possible for them to go beyond perception, but they must start from it.

The empiricist can offer a powerful argument for this view; any would-be rationalist must have an answer ready. In perception we are in some kind of contact with objects around us; they have an effect on our senses. But if we try to think in complete independence of perception, where is the link between us and the objects we are trying to think about? For if there is no such link, then there is the world, and here are we thinking away to ourselves. That sounds like a recipe for pure fantasy, perhaps interspersed with the very occasional lucky guess. Let us take a quick look at how three philosophers of strongly rationalist tendencies, Plato, Kant, and Hegel, responded to this challenge.

What reason can tell us, according to Plato, is not directly about the world of the senses at all, but about eternal, transcendent entities called Ideas or Forms: the Good, the Just, the Equal, the Beautiful. Things we perceive with the senses are good, equal, and so on just in so far as they 'participate' in these Forms or approximate to the standards set by them. But how does Reason get its knowledge of the Forms? Plato (as you will know by now if you took my advice to read his *Phaedo* as a follow-up to *Crito*) made use of a belief far from unknown to ancient Greek thought. The soul has existed before it entered its present body. In that existence it encountered – Plato hints obscurely at something analogous to perception – the Forms, and in rational thought it is now brought to remember what it then learnt of them.

Kant, who was happy to concede far more to empiricism than Plato or Hegel, met the challenge in a novel and radical way. Reason cannot tell us anything about things imperceptible – it can only tell us what, in general terms, our experience is bound to be like. And it can do this only because *our experience is shaped by our own minds*. Reason, operating on its own, is really only telling us how our minds work – which is why it can do what it does without needing to draw on our perceptions of the rest of the world.

Hegel's response is not unlike Plato's, in that he begins with a system of thoughts or universals which he collectively calls 'The Idea'. This is the driving force which structures the whole of reality, which includes our minds and the categories in which we think, as well as the rest of reality which is what we are thinking about. That is why we can expect our reason, even when used on its own independently of perception, to be in tune with the world. The reasoning subject and its object share a structure, that of the Idea.

These three examples show us that the opposition between empiricism and rationalism is not a minor skirmish. Those who begin by taking opposite sides at this point can end up worlds apart, metaphysically speaking. But I do not mean to suggest that only rationalism faces difficulties and empiricism is problem-free. Not so, as we shall soon find out.

Another much-used 'ism' is *scepticism*. One can be sceptical, of course, about specific things like the probity of the Olympic Committee, the existence of UFOs, or the value of a low-fat diet, but when 'scepticism' occurs in philosophical texts it usually refers to something much more general: the rejection of a wide range of claims to knowledge, or doubts about a large class of beliefs. It isn't just their number, of course. Any scepticism worthy of a place in the history books must be aimed at beliefs that are actually held, and are held to be important – no medals are awarded for shelling the desert.

This means that there can be plenty of thought which was sceptical in its own time, but now reads differently. A good example would be *Quod Nihil Scitur* ('That Nothing is Known'), by the Portuguese philosopher/medic Francisco Sanchez (1551–1623). A more sceptical-sounding title it would be hard to find, but what follows seems to us not so much scepticism as a vigorous attack on Aristotelianism, then prevalent but now long since discredited. When sceptics succeed they cease to look like sceptics; they look like critics who were right.

Other forms of scepticism have a longer shelf-life. These are the ones whose targets are perennial human beliefs, or everyday beliefs, or what is often called common sense. The most famous example of modern times occurs at the beginning of Descartes's *Meditations*, where we are threatened with the possibility that the senses cannot be relied upon to tell us anything whatever about the world, not even that there is one. But Descartes is on the programme for the next chapter, so let us here look back instead to the school of Pyrrho (roughly: 365–275 BC), source of the most developed sceptical philosophy we know. It can all be found in a single book, *Outlines of Pyrrhonism* by Sextus Empiricus. Sextus, in his prime around AD 200, here reports in loving detail the aims, arguments, and conclusions of the system. Happy the movement that finds a chronicler like him.

The early pyrrhonists had worked hard. They had catalogued ten 'tropes', or ways of arguing for their sceptical conclusion that we have no sufficient grounds for any conviction as to what things are really like, as opposed to how they appear to us. Faced with a 'dogmatist' – one of the politer names they called people like Aristotelians and Stoics who claimed to know such things – their favourite strategy was to find some animal to which things would appear differently, or other human beings to whom they appeared differently, or circumstances under which they would appear differently to the claimants themselves, and then to argue that there was no way of resolving the disagreement without arbitrarily favouring one viewpoint over the rest. In one passage Sextus argues that there is no reason to privilege the way something seems to a dogmatist over the way it seems to a dog. Readers will occasionally catch him arguing from premisses which a sceptic might be expected to find untrustworthy. Perhaps he, and the pyrrhonists, were not always speaking to eternity, but to their contemporaries – and felt that what *they* accepted could legitimately be used against them.

Nowadays one often hears it asked what the point of a comprehensive scepticism could be – asked rhetorically, with the implication that it can have no point whatever. But the pyrrhonists certainly thought that their scepticism had a point: the achievement of tranquillity of mind, untroubledness, *ataraxia*. They knew a thing or two about peace of mind. If you want to insist on the truth of your point of view, remember that there is a cost: life is going to be a perpetual intellectual brawl. And if the brawl stays intellectual, you'll have been lucky; especially in religion and politics, these things have been known to end in bombs and burnings. I think they knew something else as well: moving from how things immediately appear to our senses to what they are really like is a much slower, more hazardous and laborious enterprise than many of their contemporaries realized.

The pyrrhonists' favourite sceptical manœuvre was to remind us that how a thing appears does not just depend on the thing: it depends on the condition of the person *to whom* it appears, and the medium *through which* it appears. Which ushers in our final 'ism': *relativism*. Relativism is not a specific doctrine, but a type of doctrine – I might add, a type much in vogue with intellectuals at the moment. The general idea is easy to grasp. A moral relativist will hold that there is no such thing as good (pure and simple), rather there is good-in-this-society, good-in-that-society. An aesthetic relativist rejects the idea that an object might simply be beautiful; we always have to ask 'Beautiful for whom, in whose eyes?' A 'gastronomic relativist' won't be interested in the question whether pineapple tastes nice – it has to be 'tastes nice to whom, when, and in combination with what?' A literary relativist doesn't believe that texts have meanings – except at best in the sense that they have a variety of meanings for a variety of readers, and probably even for one reader at different times. A relativist about rationality will say that what is rational is relative to cultures, with the consequence (for instance) that it is illegitimate to apply 'western' scientific standards to traditional African beliefs about witchcraft and pronounce them irrational.

That bunch of examples illustrates a number of points about relativism. One is that the initial plausibility of different cases of relativism varies widely. Many people will find aesthetic relativism easily acceptable, and some will think that what I have called 'gastronomic relativism' is *obviously* true. That rationality is culture-relative is a much more difficult doctrine, as is relativism about moral values. These doctrines do not say, remember, that different beliefs are *accounted* rational in different societies, and different moral values *avowed*, for this nobody doubts. They say that what these *really are* can differ from society to society, and that is about as far from obvious as you can get. So if you hear someone going on about relativism without saying relativism *about what*, give a badly concealed yawn.

The examples illustrate another important point. It isn't just what the particular relativism is about, it is also what it relativizes to: the individual, a society, a culture (there are plenty of multicultural societies), a historical epoch, or what. Those forms of relativism, like the 'gastronomic', which can plausibly focus on the individual, have a big advantage: unlike societies, cultures, and epochs, it is clear where an individual begins and ends. If Europeans shouldn't bring their scientific standards to bear on African beliefs in witchcraft, may they properly bring them to bear on European beliefs in witchcraft? Or only on *contemporary* European beliefs in witchcraft? Imagine yourself living intermingled with a people who, routinely and without moral qualms, abandon unwanted babies and leave them to die. (Such societies have existed.) Could you just say 'Oh, fine. That's what they think, that's their moral culture, ours is different', as if it were like 'They speak French and we speak English'? Bitter experience suggests that many people are unlikely to find it that easy.

I would be a bad guide if I left you with the impression that a short paragraph can dispose of moral and intellectual relativism, just like that. Be aware, though, that in several areas relativism is in for a rough ride. The ride is rough theoretically, because of the difficulty of stating clearly just what relativism does and doesn't say; and it is rough practically, because of the difficulty of standing by it when the crunch comes.

Chapter 7
Some more high spots
A personal selection

In Chapters 2, 3, and 4 we looked closely at three pieces of philosophical writing. In this chapter I briefly introduce a few more of my favourites. The selection is personal – another author would very likely have made quite different choices. And it can only be a few. But be assured that there are plenty more, indeed that however much you read, there will *still* be plenty more.

Descartes: *Discourse on the Method*

In Chapter 2 I remarked that, whereas the ethical discussion presented in Plato's *Crito* could almost have taken place yesterday, Plato's cosmology takes us back to a completely different world. True – but we needn't go back that far; four centuries will be enough. In 1600 it was, admittedly, over fifty years since Copernicus had offered his replacement for the old Ptolemaic astronomy, moving the sun to the centre of the solar system and letting the Earth, now just one of a number of similar planets, circle round it. But few believed him. Galileo (1564–1642) had not yet begun publicly to champion his cause, and when he did so by no means everybody believed *him*.

It was not just that the Earth was displaced from its proud position in the centre. In fact it wasn't really that at all, since according to what we would now call the physics of the day the centre was not a very desirable place to be: it was where the basest matter tended to congregate, the cosmic rubbish tip one might almost say. Other factors were far more important. Passages in the Bible appear to maintain that the Earth is stationary; here was an individual prepared to reject or at least reinterpret those passages on the basis of his own reasoning without reference or deference to proper authority. Besides, the claims made by Copernicus, let alone Galileo, were in conflict with the (neo-Aristotelian) physics and cosmology that held sway in the universities.

For an Aristotelian, the baser kinds of matter are earth and water. Unlike the other two kinds, air and fire, they naturally strive towards the centre of the universe. So a spherical mass of earth and water has formed there, and this is the Earth. (However often you hear it said, it just isn't true that the medievals believed that the Earth was flat!) But the Moon, the Sun, the planets and stars don't consist of this sort of matter at all, not even air and fire. They are made of the Quintessence – the fifth element – incorruptible and unchanging, and all they do is go round in circles, eternally, in godlike serenity. Now the new astronomy wants to blow this distinction away: however things may look and feel from where we are standing, the Earth is itself in the heavens; and the heavenly bodies are not utterly set apart, but are as much proper objects of scientific investigation as the Earth itself. On top of which the new scientists want to replace explanations couched in terms of natures and goals with talk of the particles of which things are composed, and of mechanical causation governed by mathematical laws.

All this represented catastrophic intellectual change on several levels at once. It is often called The Scientific Revolution, a name which captures its magnitude, but wrongly suggests that it happened quickly. No wonder that it was accompanied by a rise of scepticism. For if the best of received wisdom, with 2,000 years of triumphant history, was now seen to be failing, a natural reaction was to despair of human knowledge altogether and call off the hunt.

René Descartes (1596–1650) viewed Aristotelianism as a time-hallowed system of errors. So did the sceptics, but unlike them he also took it to be an obstacle – an obstacle to human knowledge of nature, like scepticism itself. So he conceived an ambitious plan. (Had he known just *how* ambitious he might have stopped in his tracks there and then – so we should be grateful that he didn't.) By going back to a point at which no doubt was even possible and then rebuilding human knowledge by unmistakable steps he would fight his way clear of scepticism, and presumably of Aristotelianism as well, since he had no expectation that his reconstruction would lead back in that old, worn, faltering direction. Then he would illustrate the value of this heroic Great Escape of the human intellect by demonstrable progress in the sciences: optics, physics, physiology, and meteorology were all topics that he wrote about.

The *Discourse on the Method of rightly using one's Reason* (1637) is not Descartes's most famous work – that title surely goes to his *Meditations* (1641). But it has the advantage of giving the reader, in very brief compass, a taste of most of Descartes's thought, including very importantly an autobiographical account of the circumstances and motivation from which his whole project arose.

So set aside a couple of hours – easily enough – and begin by sympathizing with Descartes's frustration when formal education left him feeling that 'I had gained nothing . . . but increasing recognition of my ignorance' and that there was 'no such knowledge in the world as I had previously been led to hope for'. Admittedly, there is value in some of what he has been taught, and he gives a sentence each to the advantages of languages, history, mathematics, oratory, and poetry – though the latter two are 'more gifts of the mind than fruits of study'. As for philosophy, its chief 'advantage' is that it enables us to 'speak plausibly about any subject and win the admiration of the less learned' – so much for scholastic Aristotelianism. So the minute he is old enough he chucks it all in and goes travelling, joining in the wars which were boiling away in Europe at this time. Perhaps men of action will have more truth to offer than the scholars; after all, their misjudgements really do rebound on them, whereas those of the scholars have no practical consequences and can be false with impunity.

One thing he learns on his travels is how much customs differ from place to place, people to people – as he pointedly says, there is as much variety as in the opinions of the philosophers – so he had better not rely on anything he has learnt only through 'custom and example'. At this stage many people (and nowadays even more than then) might slip into a forlorn scepticism or a lazy relativism. But not this one. Descartes's reaction is that if he is to avoid living under the misguidance of false opinions then once in his life he should dismantle his entire belief-system and construct it anew. Which he intends to try – and on his own what's more.

One has to be amazed at the audacity of this unflinchingly positive response to the crisis that Descartes, doubtless along with many less articulate or less self-confident contemporaries, was experiencing. If, that is, we believe that he really meant it – but I know no good reason to think that he didn't. In Part 2 of the *Discourse* we see him striving to reassure any readers who may take him for a social, political, or theological reformer: 'No threat to any public institution, it's only my own beliefs that I'm going to overhaul.' (Prudent, and a nice try, but not altogether convincing, is it? As if he weren't going to recommend his renovated belief-system to anyone else!) Then in Part 3 he takes steps to ensure that his life can keep ticking over while his beliefs are suspended, for 'before starting to rebuild your house you must provide yourself with somewhere to live while building is in progress'. So he will simply go along, non-committally, with the most sensible and moderate views and behaviour he finds around him. It is a modified version of what he would have found in Sextus Empiricus' report of the recommendations of the ancient sceptics – who faced the same problem permanently, since they had no intention of rebuilding.

How is demolition to proceed, and where will Descartes find his foundations? At the start of Part 4 he suddenly feigns to go all shy: perhaps he should bypass this bit, as being 'too metaphysical and uncommon for everyone's taste'. But then he tells us anyway. What we get in Part 4 is a high-speed résumé of his best-known work, the *Meditations on First Philosophy*.

First, suspend any belief about which you can think of the slightest grounds for doubt. (Don't bother about whether these grounds actually do make you *feel doubtful* – mostly they won't, but that could just be a fact about you.) Since your senses have sometimes deceived you, consider the possibility that they might deceive you at any time, indeed that they might deceive you *all* the time – that they have no more status than a dream or an hallucination. But what about your belief that you are now thinking? Here doubt really does run dry, because doubting whether you are thinking is another case of thinking – the doubt defeats itself. And if I am thinking, Descartes reflects, then I must exist – we have reached the notorious *Cogito ergo sum*.

You may well wonder how Descartes is to rebuild anything on the basis of what little has survived so fierce a test. But he isn't cowed by the task. He has found that his grasp of his own existence is absolutely secure. But he can raise doubts about everything else, even his own body. So he (his mind, soul, self) must be something else, distinct from his body, and capable of existing without it. The body is one thing, the mind another – this is the famous (or infamous) Cartesian dualism that we saw in Chapter 6 (p. 62).

In the next step Descartes observes that he has the idea of a perfect being, God, so the question arises: how did he get the ability to think such a thought? As he points out elsewhere, if you had in mind the plan of an extremely intricate machine we would think that either you were a superb engineer yourself or had got the plan from someone who was. And since Descartes knows that he is far from perfect himself he reckons his idea of a perfect being can't come from him, but only from a being that is actually perfect. That idea in his mind is the signature left by his creator.

Many readers will feel that Descartes's idea of a perfect being is far too hazy, imprecise, and in a word *imperfect* to need anything more than Descartes for its cause. But he held the existence of God to be proved, and took a further step: what he believes when he has achieved the utmost clarity of which he is capable must be true. For otherwise his God-given faculties would be misleading in principle, which would make God a deceiver, and hence imperfect. So if scepticism says that even our very best efforts might lead us to falsehood, just dismiss it.

In Part 5 we are back with autobiography. Descartes turns to his scientific work, things which he had earlier 'endeavoured to explain in a treatise which certain considerations prevent me from publishing'. These 'considerations' were in fact the condemnation of Galileo's writings by the Church, as Descartes makes clearer (though without mentioning names) in Part 6. There he offers reasons for his decision, and for his further decision to present some of his results in the *Discourse* after all. The reasons are fairly convoluted, and don't wholly dispel the suspicion that the case of Galileo had just frightened him off.

At this stage one of those unfortunate little things happens. Descartes was a notable mathematician, and no mean performer in physics. True, the work of Isaac Newton (1642–1727) wiped his physics off the map towards the end of the century, though not before Newton himself had accepted it and attempted to work within it until his late thirties. But the main example he selects for Part 5 is his theory about how the human heart works, and this nowadays sounds just plain quaint and fanciful – he believes it to be much hotter than any other part of the body, and makes it sound like a distillery in action. (All it distils is blood, some readers may be disappointed to learn.)

11. **Descartes as physiologist – a naked Cartesian understandably feeling a bit chilly.**

In spite (or partly because) of this glitch the *Discourse* is a rich and memorable work. An eminent founder of modern thought grapples with himself, Aristotelianism, scepticism, academic reaction, public and ecclesiastical opinion, physics, cosmology, and physiology, all in about fifty pages. Now that I call a real feast.

Hegel: *Introduction to the Philosophy of History*

We encountered Georg Wilhelm Friedrich Hegel (1770–1831) in Chapter 6, though only briefly. His influence has been massive; we shall see two examples of it in the next and final chapter, but important as they are they can give only the barest inkling of the extent of the Hegel-phenomenon. And the opposition to him started two very significant movements: existentialism, through the Danish thinker Søren Kierkegaard, and in Britain the analytic school through Moore, Bertrand Russell, and the young Ludwig Wittgenstein. It took heavyweights with an alternative on offer to take people's minds off Hegel, and then the effect was only partial, local, and temporary.

But there is another reason for introducing a work by Hegel at this point. Nearly all the philosophy we have looked at so far begins from what are relatively ordinary, everyday considerations. (Socrates: what will happen to my children if I do what my friends are suggesting? Hume: you can't always believe what other people tell you. Descartes: when there's so much disagreement between the authorities, what can we do but go back to basics and start again?) Hegel's thought in the *Philosophy of History*, in contrast, arises out of a grand vision of reality and the forces that move it – this is heavy-duty metaphysics.

Hegel is often said to be a very difficult philosopher. I won't deny it – if you select a page at random and read it from top to bottom you will probably feel that you might just as well have read it from bottom to top. But one of the most valuable experiences for someone coming new to his philosophy is that of finding how much easier things are if you approach the text with the grand metaphysical vision already in mind. The big picture is the key, so we begin by trying to get some grasp of it. Remember that I warned you back in Chapter 1 to expect to find some philosophy weird. You will find Hegel's less weird, even if you still don't believe a word of it, after you have read the *Introduction to the Philosophy of History*. Here goes.

We start with something called 'The Idea'. Think of it as being rather like the Ideas of Plato – a system of abstract universals from which things and events in the world take their shapes and natures. But it differs from Plato in two important ways. First, it is a highly structured system, and its structure is in a certain sense *developmental*. I say 'in a certain sense' because the Idea doesn't happen in time, one bit after another; Hegel's doctrine is rather that it embodies a natural order of thought, so that the thought of one element inexorably leads the mind to another, and the thought of those two to a third, and so on until the whole system is revealed.

The second big difference is that whereas Plato speaks as if his Ideas exist independently of anything else, Hegel's Idea can exist only if something embodies it. So there has to be 'Nature' – the familiar collection of concrete objects that surround us. And Nature, since it exists in order to embody the Idea, reflects all the Idea's properties. The 'development', which in the Idea was metaphorical, makes a literal appearance in the changing patterns of Nature.

So the Idea and Nature are very closely related: each is a form of the other. But at the same time they are so different that you might well think of them as opposites. The Idea is abstract, and neither temporal nor spatial, whereas Nature is spatio-temporal and concrete. The Idea is composed of universals, general concepts, whereas Nature comprises myriads of particular things. And it is material, which the Idea is certainly not. Hegel now uses this situation – the existence of opposites which are nevertheless in a sense the same thing – as the starting-point for a deeply characteristic move.

Suppose that you want to know something about yourself, say, what you really think about some question or other. Should you sit down meditatively and try to introspect your own thoughts? No – you will just think you see whatever you wanted to see. You should do something, make something, write something, in general produce *something that expresses you*, your own work – and look at it. That is what will tell you about yourself.

Good advice, and nothing especially new. ('By our works shall we know ourselves.') But Hegel now makes a very surprising (and rather obscure) use of it. He holds, remember, that Nature is the concrete expression of the Idea. So the Idea is confronted by *its own work*, and the situation is ripe for it to start to understand itself. Thus is born what Hegel calls *Geist*, usually translated 'spirit' – consciousness, awareness. Human minds are its vehicle, but what is really happening in them is that the Idea is gradually moving towards full self-understanding. (OK, I told you that this was my example of high-altitude metaphysics!) There's more to come: Hegel believes that the whole purpose of reality is precisely this, that the Idea should come to full knowledge of its own nature. And this is to happen in us, in the minds of the human race. No philosopher has ever cast us in a more prestigious role. Indeed, could there be one? This is the high-water mark of human self-assessment.

So what of history? History begins only when there are conscious beings and something one might call a culture, that is to say when we have reached Hegel's Stage 3 – Spirit or *Geist*. History is driven by Reason, the Idea: Hegel makes no bones of announcing this as established fact, something which philosophy (his own philosophy) has shown. In history, the Idea is working out its rational purposes.

If you find this thought rather alien, remember that to most of Hegel's audience it would have sounded quite familiar; it is a close relative of something they had been brought up to accept. Providence is at work. Behind all the mundane detail of life, God is realizing his aims. In spite of everything, Good is gradually defeating Evil. All is for the best. That thought is familiar to all of us, including those of us who snort at it. What makes Hegel's version of it feel unfamiliar is, first, his conception of 'the best' – the Idea, the force that drives it all, comes to full knowledge of its own nature – and second, his highly intellectualized account of what is doing the driving – not a personal God or deified Superman, but the Idea, something like a system of Platonic forms. A theology student in his youth, Hegel knows perfectly well how to present this as a version of the orthodox Christian story (in fact he thinks he is improving on it); and he can preach with the best of them, as you'll quickly discover as you read.

But history, surely, is driven by the actions of human beings? And they have their own human schemes, interests, and motives – one thing they *aren't* trying to do is ensure that the Idea comes to perfect self-knowledge. (How could they be? Most of them have never even heard of it.) Now we meet a famous doctrine: the Cunning of Reason. Without their knowledge, the Idea (or Reason) really is at work, influencing and directing them towards its own ends.

So is there an external force, like the ancient Fates, looking down on us and manipulating our lives? No, Hegel's view is subtler and less superstitious than that. Remember that our minds, in Hegel's grand plan, do embody the Idea, but not yet with any clear consciousness of it. (Think of the way a gene – Hegel much approved of organic metaphors – 'contains' the adult organism, but will only show it gradually in the process of growth and development.) Because there is this something within us, active though obscure, we can consciously pursue our own limited and individual ends and purposes whilst really serving the turn of Reason.

The Idea, now as Spirit or *Geist*, directs the course of history through the will of 'world-historical individuals' (the famous people you read about in history books). Their feeling for the requirements of Spirit is a little more advanced than that of their contemporaries, their dissatisfaction with the present state of things slightly sharper and better focused. Hegel describes them (never let anyone tell you he couldn't write!): 'They do not find their aims and vocation in the calm and regular system of the present . . . they draw their inspiration from another source, that hidden spirit whose hour is near but which still lies beneath the surface and seeks to break out'. These are the leaders who change the world, unite nations, create empires, found political institutions. And once the new state of things exists, the society or nation comes face to face with something it has itself produced – the situation that advances self-understanding, remember – and finds out a little more about its own real aspirations.

It also finds out more about the problems they bring with them. For a start, these transitions from one state to another rarely happen smoothly, without conflict and struggle. What Hegel calls 'the calm and regular system of the present' always has its appeal, especially for those in whom the subliminal awareness of Spirit's next move is undeveloped. These become the reactionaries who resist the world-historical individual's striving for change; they are opposed by those of a slightly more advanced state of consciousness, who gather behind the leader, sensing that the new direction is the right one.

Only right *for now*, however. Remember that the strange thing from which we began, the Idea, involves development, in a figurative sense. Everything that exists or happens reflects the Idea, and that of course includes history, which exhibits the Idea's 'development', but now in a literal sense. The Idea, as you will find if you ever read Hegel's *Logic* (but be warned, it is desperately hard work), always develops through the conflict of opposed concepts followed by their resolution, which itself turns out to harbour another opposition, upon which a further resolution follows, and so on until the entire system is complete. So it is, therefore, in the political sphere. Conflict issues in a new order, but before too long the new order itself is showing strains; the seeds of the next conflict were already present in it, and once they mature it is swept away in its turn. You may find the metaphysics with which Hegel underpins all this extravagant, wild, and woolly, but when he applies it to human history the result certainly isn't stupid. It is this idea of progress arising out of conflict which is known as 'dialectic'. It pervades

12. Progress through conflict: the storming of the Bastille. Hegel was 19 when the French Revolution occurred – it made an impression.

the thought of Hegel, but equally that of Marx, which is why Marx's philosophy is often called 'dialectical materialism' (see above p. 64, and below p. 110).

Notice that there is very little comfort here for the individual. The Idea is to come to self-knowledge, and this it must do in human minds, which are the only vehicle around, but no particular human mind is of any concern to it whatever. History throws individuals away once they have served their turn. That is even, or especially, true of world-historical individuals: 'their end attained they fall aside like empty husks'. Julius Caesar did his bit – and was assassinated. Napoleon did his – then was defeated, captured, and sent to rot on Elba. An individual is no more than a dispensable instrument. God, supposedly, loves each one of us, but the Idea couldn't care less, so long as there are some of us, and they are doing its business. So it is hard to see Hegelianism becoming a popular mass philosophy, for all its huge influence.

Charles Darwin: *The Origin of Species*

The first thing we can learn from this fascinating book is not to bother too much about drawing a neat sharp line between philosophy and science. The point is not that the line isn't sharp, although I believe that to be true. The point is that the line (if it exists) is not of much importance for philosophy. On any reasonable way of drawing it Darwin's *Origin* is science, more specifically biology. But because of its subject-matter, and the claims it makes, very few books have had greater philosophical impact. For it implies a startling thesis about us and how we have come to be as we are. It may not startle us today, but it startled most of his contemporaries to the point of shock; and there are still a number of people trying to perform the difficult balancing act of rejecting it without appearing merely ignorant and prejudiced.

In one sense *The Origin of Species* does much more than 'imply' the startling thesis: it builds a very carefully constructed case for it, backed by a wealth of thoughtfully assessed evidence. Darwin was not the first person to propose the theory of natural selection (he tells you a little of the history of the idea in his own introduction to the book), but he was the first to assemble so much evidence for it and so honestly to confront the difficulties it faces. If prior to 1859 you wanted to reject the view that species were mutable, and developed out of other species, and that our own species was no exception, it was easy: just say 'No'. It conflicted with your other (deeply held) beliefs, many experts opposed it, and there existed no serious and plausible statement of the case for it. After 1859 it wasn't easy at all – though of course there were plenty of people who didn't notice.

In another sense, however, 'imply' is exactly the right word: Darwin gave no prominence (in this book) to his opinion that just as much as any other species humanity falls under the general theory. Readers who reach the last chapter – or jump to it – will there find, discreetly placed and well apart, two or three unmistakable sentences. Otherwise, silence. A common mistake is to call the book *Origin of the Species*, presumably supposing that we are the species in question. Absolutely not: There is almost nothing about us.

Plenty about pigeons, in fact half of chapter 1. They lend themselves perfectly to Darwin's strategy: start from a case in which it is totally uncontroversial that a breed can be altered by selection – the breeder's selection of which birds to allow to mate with which. (Unsurprisingly, there's also a lot about cattle and sheep and racehorses; prize dahlias get a mention too.) But that doesn't take Darwin quite as far as he wants to go, because it is perfectly possible to reply that human breeders can only make quite slight changes, so that all the strikingly different breeds of pigeon, though modified by human practice, must in the first place have come each from birds of its own particular species – they are just too different to have descended all of them from one type of bird. Surely?

Now Darwin's judgement is at its best. He doesn't try to *prove* his point, but just shows that anyone opposing it will have a lot more talking to do. If there was an original fantail pigeon, where is it now found in the wild? Well, perhaps it has become extinct, or lives somewhere frightfully remote. And how about the other distinctive breeds that pigeon-fanciers are interested in – where are their wild relatives? And what of the fact that within these breeds one occasionally finds individuals that closely match the complex colouring of a type of pigeon that *does* exist in the wild nowadays? So is it that all today's distinctive breeds had ancestors of the same colouring (although they were distinct species), and are now all either extinct in the wild or at least have never been observed? Well, well, how very surprising . . .

So if it is probable that artificial selection can produce such effects in a relatively short time, is there any natural principle of selection that might produce effects of similar magnitude, and perhaps of far greater magnitude, given an enormously longer time to work in? Yes, because the 'struggle for existence' (about which Darwin writes a very interesting chapter) eliminates many individuals before they are able to reproduce. A fantail pigeon will probably mate only if it catches the eye of the breeder; a wild pigeon will not mate unless it withstands the struggle for existence long enough to reach maturity. What is being selected for is in the two cases utterly different. In the second case it is the capacity to withstand the local environmental/ecological conditions, and if these should become harsh the selection process will be brutally efficient.

Once thoughts like these have brought us to see that very substantial change is possible, indeed positively likely, and when we recall (what was only just becoming clear to geologists when Darwin was a young man) that these processes may have been going on for an almost unthinkable length of time, certain observations strike one differently, like those Darwin offers in one of the very few sentences in which human beings figure: 'The framework of bones being the same in the hand of a man, wing of a bat, fin of the porpoise, and leg of the horse – the same number of vertebrae forming the neck of the giraffe and of the elephant . . . at once explain themselves on the theory of descent with slow and slight successive modifications.'

The nineteenth-century enthusiasm for progress, to which the philosophy of Hegel gave such momentum, predisposed many to understand Darwin as part of the same progressivist movement. His younger contemporary Herbert Spencer (1820–1903), a man of a much more metaphysical, even somewhat Hegelian turn of mind, really was part of it. He was the inventor of the overworked phrase 'the survival of the fittest', which can easily be understood as implying that those who survive in the struggle for existence are superior to those who do not. He himself seems to have taken it like that, for in the name of progress he opposed anything that would lessen the intensity of the struggle, like social welfare arrangements.

13. Another variation on a theme much favoured by Victorian cartoonists. Darwin's message wasn't to be digested quickly.

This kind of thought soon turned into a movement known as Social Darwinism. The name is inappropriate to the point of being slanderous. Darwin never drew such conclusions, nor would he have done, for no such thing follows. In his system the words 'the fittest' simply mean: those best fitted to survive (and reproduce) under the conditions then obtaining. They have nothing to do with moral, or intellectual, or aesthetic superiority; and they mean nothing at all without the rider 'under the conditions then obtaining'. If those conditions change, yesterday's 'fittest' may be tomorrow's no-hopers. One of the many problems about making social application of natural selection like Spencer is that changes in human society can so easily produce changes in the conditions under which they themselves arose. Is the internal combustion engine 'fitter' than the horse and cart? In a sense, yes, but only so long as it doesn't run the world out of oil.

That doesn't mean that Darwin shouldn't be allowed to change anyone's attitudes to anything – far from it. Here is an example. The literary critic and popularist Christian theologian C. S. Lewis once (though I'm sure not only once) found himself lamenting our sexual drives. Given the opportunity, he wrote, most of us would eat too much, but not enormously too much; whereas if a young man indulged his sexual appetite every time he felt like it, and each act led to a baby, he would in a very short time populate an entire village. Which shows, Lewis concluded, just how perverted our natural sexuality has become.

But before you castigate yourself a sinner and start bewailing the lost innocence of the human male, reflect on the lesson of Darwin: what we see here is no perversion of nature; it is simply nature herself, who is not concerned to construct the world in accordance with our moral code or anyone else's. Few factors will, on average, have as big an effect on the numbers of a man's children as the strength and frequency of his sexual urges; so if this is itself something which many of his children inherit from him, it is clearly a characteristic which natural selection will select and enhance. If most of today's males possess it that is just what we should expect, and certainly no call to start speaking of the Fall of Man, perversion, and moral deterioration. Or perhaps what some call original sin is really the fact that what evolution has produced – and was bound to produce – is out of line with their own conception of an ideal human character.

Incidentally: don't worry about all those villages, each populated by several hundred half-brothers and sisters. They will only spring up where life provides our young Casanova with a veritable production-line supply of females, willing, fertile, not already pregnant, and not associated with any other males sufficiently aggressive to send him packing. Nature can be relied upon to ensure that this does not happen very often, to put it mildly. C. S. Lewis's imagination was floating well clear of the facts.

That example is specific and relatively trivial, but you can easily see how Darwinism could subvert an entire philosophy, such as one of those we have just seen. For Descartes human reason was a faculty given to us and guaranteed by God, no less, and that was why he could rely on it to tell us about the essential nature of mind and matter, and a good deal else besides. What if instead he had thought of it as a natural instrument which had developed because, *and to the extent that*, it gave its possessors a competitive advantage over those without it? Would he then have supposed that what it appeared to tell us on such matters could with complete confidence be taken to be the truth? If so, how would he have justified it? It is one thing to think that *God* could not be a deceiver; but quite another to say that since the faculty of reason gives us such advantage in practical matters it cannot possibly lead us hopelessly astray when applied to a question like whether the mind is an independent substance. Am I to believe that because reason is good at helping us survive it must also be good at metaphysics? Why on earth should that be true? If Descartes had lived after Darwin (please forgive the historical absurdity) the foundations of his philosophy would have had to be very different, and if they were so different, could the superstructure have been the same?

Nietzsche: *The Genealogy of Morals*

'A philosopher is a terrible explosive from which nothing is safe' – that is the only comment we have heard so far (p. 2) from the German philosopher Friedrich Nietzsche (1844–1900). He had no intention of offering his readers a comfortable experience, and his contemporaries defended themselves by just not reading him. But soon after his death the tide began to turn, and he became a major influence on twentieth-century thought, especially on the European continent.

The Genealogy of Morals, first published in 1887, consists of a preface and three essays, all conveniently divided into numbered sections. *Don't* skip the preface. And don't miss the first sentence: 'how much we know nowadays, but how little we know about ourselves'. A huge change in European thought is under way. The tendency had long been to suppose that, however bewildering and opaque the rest of reality may be to us, at least we could tell what was going on in our own minds; but in the nineteenth century that tendency is fast losing momentum. We have just seen a hint of it in Hegel's understanding of history: the forces of *Geist* are at work in us, though we know nothing or little of it (p. 84 above). Less than a generation after Nietzsche came Sigmund Freud (1856–1939), founder of psychoanalysis, with his doctrine of the unconscious mind in which the most important causes of our mental lives lie hidden from us. Acquiring self-knowledge is no longer a matter of a quick introspective glance. It calls for hard and painful work, and there is no guarantee that you will like what you find.

Don't miss §3 of the preface either. Do you hear something familiar about it? It reminds me of Part 1 of Descartes's *Discourse on the Method*: still a teenager, the future philosopher is struck by scepticism and mistrust towards the intellectual diet that his seniors are feeding him

(p. 76 above). For Descartes it had been the neo-Aristotelianism of the universities. For Nietzsche it was the moral values of nineteenth-century Christianity. Were they as self-evident as everyone around him seemed to think? Descartes wanted to inquire into the truth of these 'truths' that he was being taught. Nietzsche reckoned it was time for some questions about the value of these 'values'. His method was to ask about their history, their pedigree, what he called their 'genealogy'. Where had they come from, how had people come to hold them? Why had they come to hold them, or in other words: what were these values doing for the people whose values they became?

A frequent reaction at this point is to say that the value of something, what it is worth, depends on what it is like *now*. How it came to be that way is quite another matter. So Nietzsche is asking the wrong question. However well he answers it, it won't tell us anything about the value of our values. To think that it will is to commit (some more philosophers' jargon for your growing collection!) the 'genealogical fallacy'.

But is that criticism altogether fair? I don't think so. There are certainly cases in which our view of what something is worth is very much bound up with our beliefs about how it began, and if those beliefs change our evaluation of the thing itself is threatened as well. Indeed we have just seen a very important example, one which was important for Nietzsche too: the effect of Darwinism on our conception of ourselves. For so many of Darwin's contemporaries the human race originated in a decision by God to create us in His own image. The idea that we had in fact developed from inferior things like monkeys by a distinctly chancy process that might just as easily not have happened wasn't just a new fact to take on board, like the existence of one more previously undiscovered planet; it was a slap in the face for human dignity and their conception of their own worth – which was why it was doggedly resisted then and is resisted by some to this day. No doubt about it: under the right circumstances, genealogies can be just as explosive as Nietzsche intended – so back to the question about moral values.

Many believed, and some still do, that moral values were of similar origin: handed down to human beings direct from God. Nietzsche, who in spite of his clerical home background once described himself as an atheist by instinct, had no interest whatever in that story; he sought the origin of human values in human needs and human psychology. (*Human, all too Human* is the pregnant title of one of his earlier books.)

He wasn't the first to do so, as becomes clear in preface §4. In fact, there was already a tradition of it, and Nietzsche took its central thesis, broadly stated, to be something along the following lines: when humans found certain types of behaviour (on the part of individuals) advantageous to them and the smooth running of their society, they called them 'good', and strongly encouraged them; where they found them disadvantageous, the reverse. That, simply, is how behaving for the good of others rather than one's own came to be regarded as good – the others declared it to be good, because of the benefit they received.

On the face of it that sounds quite plausible: a society reinforces what is beneficial to it. But Nietzsche regarded it as sentimental, unhistorical claptrap. Drawing on his expert knowledge of ancient languages (he had had, and then abandoned, a meteoric academic career) he told a very different tale. Far from its being those who received benefits from the behaviour of others who then called those others (and their behaviour) 'good', it was the upper classes, the aristocracy, the nobility, the rulers of ancient societies who first called themselves (and their way of life) good and the ordinary people, the slaves, the subject population, bad. Early good/bad distinctions are perhaps better understood as distinctions between 'noble' and base', free and enslaved, leaders and led, the washed and the unwashed. They were the words in which the top dogs celebrated themselves, their strength, and their own way of life, and expressed the extent of the gap that they felt between themselves and the weak, impoverished, servile masses.

That's also pretty plausible – you can just imagine them thinking and talking that way. (You can still hear it going on nowadays if you get into the right company.) But it was the next step which, according to Nietzsche, was the decisive one for the next 2,000 years and more of European morality: the worm turned, the masses revolted. He isn't talking about violent revolution, armed struggle, for which the underclasses were generally too weak, both materially and spiritually, but about something much subtler and much more insidious. They relieved their frustration and resentment in one of the very few ways that were open to them, namely by developing their own system of values in which everything about their oppressors was 'bad' and they themselves, whose lives contrasted with theirs in so many ways, were 'good'.

So this value-system was not God-given, and it was not the outcome of some intuitive perception of its truth, or intrinsic 'rightness'. It was a vengeful, retaliatory device, born of the weak's resentment of the strong. All that commitment to charity, compassion, and love was actually fuelled by *hate*. This kind of thought is entirely typical of Nietzsche, who loved to stand popular conceptions on their head. Just when you thought your house was in good order, along comes a Nietzschean 'explosion' and suddenly your roof has changed places with your cellar. This is philosophy at its most challenging. Natural iconoclasts will just love it, but anyone can admire the fireworks.

Just these facts (as he believed) about the origins of the morality of love and compassion wouldn't have made Nietzsche so profoundly mistrustful of it as he actually was. After all, in adopting and promoting it the masses were trying, in the only way open to them, to gain power over the strong, and he has nothing against that – all life, in his view, is a manifestation of the will to power, and no tiny little human moralist has any business pronouncing on life in general. What he most dislikes about 'herd morality' is that it arose not through *affirmation* of their own way of life (like the codes of the higher classes) but through the

14. What to blow up next? Gazing fiercely at the world over the amazing moustache, Nietzsche always looks as if he is about to light some fuse or other.

negation of someone else's: they looked at the vigorous, free, proud, self-assured, self-assertive people who ruled them, resentfully declared their qualities to be bad and hence the opposite qualities, such as passivity, servitude, humility, unselfishness, to be good. Herd morality is life-denying, in Nietzsche's estimation.

Those who espoused this morality were now in a very strained position. As living beings they embodied the same instinctive will to power as did the ruling class, but unlike them they had no natural outlet for it. So when their instincts led them to seek a different kind of power by pronouncing their masters' masterful instincts to be vices they were in fact turning against their own instincts as well. So, to add to the fact that they were needy and oppressed, these people were psychologically sick, inwardly divided. And they felt pretty wretched.

But help – of a sort – is at hand, in the form of a figure known to every culture and epoch and of intense interest to Nietzsche: the ascetic priest, committed to poverty, humility, and chastity, and in some cases practising quite extreme forms of self-torture. This figure, who represents at its most explicit the wish to be rid of the bodily conditions of life and to escape into something otherworldly and 'beyond', denies life more emphatically than anyone else. So, like the herd, he is sick, but much stronger than they are – a strength which manifests itself in his ability to adopt and sustain his way of life.

This strength gives him power, the power to lead and direct the flock of weaker souls. It arises partly from their perception of his inward strength, partly from the air of mystery and esoteric knowledge with which the ascetic surrounds himself. But it also arises in part from the fact that he does them a service: he alleviates their suffering. Remember that they suffer because they have set themselves against their own vital instincts; so he can hardly be expected to *cure* their suffering, because he too sets himself against his vital instincts, only more openly, with greater determination and singleness of purpose.

An important fact about human suffering is that people will put up with a great deal if only they *understand the reason* for it – even glory in it, if they find the reason good enough. Another is that those who are suffering want to find *someone to blame* for it – that acts as a kind of anaesthetic, blocking the pain out with an overlay of anger.

The priest instinctively knows this, and gives his flock both a reason for their suffering and an author of it. They are suffering to make their souls fit for heaven, or for the victory of justice, or for the sake of truth, or so that God's kingdom should come on earth – all fine things to suffer for. Who is to blame for the suffering? Answer: they *themselves*. With this stroke the seething resentment of the masses is directed away from the rulers, its original objects, conflict with whom will most likely only lead them into more suffering, perhaps partial annihilation. Redirected onto themselves it may at least provide strength and motivation for a little self-discipline and self-improvement – under priestly instruction. And they are ready to accept it, for as we saw they have already turned against their own instincts and so in one sense against themselves. They know what has to be rooted out: any hint in themselves of the attitudes and behaviour characteristic of the strong. They have been rendered harmless.

Such is Nietzsche's analysis. Whatever else we may think of it, it is certainly unflinching. These are no more than a few of the main thoughts, crudely compressed. Nietzsche's style, its musicality, its energy, its variety, its biting wit, is something one can only experience for oneself. And the text is full of delightful detail, like the account of the real philosopher in §7 of the third essay. Or take the first essay, §§7–9. Do you find this anti-Semitic in tone? Then read it again, and you will see that it is really aimed at anti-Semitism itself. What it says is that it was only the moral history of the Jews which created the psychological climate in which Christianity could arise – Nietzsche is firing an ironic salvo at those Christian anti-Semites who grounded their anti-Semitism on the premiss that it was Jews who were responsible for the crucifixion of Christ. Once again he has turned a popular way of thinking upside down: Christians should *revere* Jews, because they have the Jews to thank for the success of Christianity. Delicious stuff!

Chapter 8
What's in it for whom?

Thinking about philosophy is hard work – you may have noticed, though if you've got this far at least it hasn't put you off. Writing the stuff is even harder. (Take it from me.) So why have people done either? Well, for one or more of a whole catalogue of reasons. In the hope of learning to control nature, or of learning to control themselves, to get to heaven, to avoid going to hell; to enable us to bear life as it is, to make life bearable by changing it; to shore up institutions political, moral, or intellectual, or to tear them down; to promote the writer's interests, to promote other people's interests (yes, that happens too), even to promote everybody's interests; because they can't stand certain other philosophers; because their job demands it. Perhaps just occasionally out of pure curiosity. There is a widespread idea that philosophers are unworldly people, remote from reality. If that refers to their lifestyle, it may frequently have been true, though not always. If it refers to their work, then (I am speaking now of philosophy that *endures*) it is usually false – at least in the sense that they are almost always addressing some real concern and claiming to offer some real improvement.

Right back at the beginning (p. 1) I spoke of three big questions: what should I do? what is there? (i.e. what is reality like?) and how do we know? It might sound as if any philosophy offering human beings some real improvement must be concerned primarily with the first of those. But that wouldn't be right. Beliefs about how things are can serve to give a meaning to life or bolster our feelings of self-worth, as for example the belief that we are made in the image of God; they can give a rationale to (or serve as an excuse for) certain types of behaviour, like the belief that humans have rational souls and animals don't. Answers to the question 'how do we know?' can strengthen, or loosen, the hold that various answers to the first two types of question have on us; and very importantly, they can imply beliefs about *who* has knowledge, with obvious consequences for the prestige and power of members of that group.

Most philosophy attempts, then, to do something for somebody. To finish, let's look at some philosophy from this perspective. If it is to endure, a philosophy needs a constituency, a group of interested parties. Its chances are best if the constituency is a large one. First, a couple of philosophies devoted to the individual. That's a big constituency – we're all individuals.

The individual

The philosophy of Epicurus (see Chapter 5) is addressed to the individual; it offers a recipe, backed by argument, for living a happy life. Social and political arrangements are unjust if they interfere with individuals' attempts to apply the recipe; otherwise, his only political recommendation is not to engage in politics. You can to some degree help others to live the right sort of life, but only those close to you (Epicureanism strongly advocates friendship); everyone must follow the recipe for themselves. For success depends not on material conditions, the sort of thing one person can arrange for another, but on your attitude towards them. And that is precisely the point, since happiness comes of knowing that your state of mind is largely independent of whatever life may tip on you next.

It may then surprise you to hear that in Epicurus' opinion the only good is pleasure. Surely how much pleasure we can get depends heavily on

15. Epicureanism in practice? Not according to Epicurus.

our material conditions of life? But there's a second surprise: he thinks that the highest possible pleasure is freedom from physical pain and mental anxiety. Simple, easily attainable pleasures are no less pleasant than extravagant and exotic ones; and reliance on the latter induces anxiety: the means to obtain them may be taken away from you. (The idea that Epicureanism is a constant dinner party with musicians and dancing-girls is completely misleading – it must have come down to us from Epicurus' opponents, who were numerous.)

A cause of much mental turmoil is superstitious fear. Banish it. Realize that in their perfect bliss the gods have neither need nor wish to interfere in human affairs. Learn enough about physics, astronomy, and meteorology to feel confident that all phenomena have natural explanations – they are not portents, omens, or signs of divine wrath.

And do not fear death, for death is simply non-existence, in which there can be nothing to fear. That, on a thumbnail, is Epicurus' advice to each one of us. You could do a lot worse than follow it. Of course there wouldn't be any politicians if we all did; but perhaps we could put up with that.

Epicurus taught the individual to be inwardly armed against whatever may befall. Over 2,000 years later John Stuart Mill wrote a stirring defence of every individual's right to shape their own life. In his famous essay *On Liberty* (1859) he argued for what has become known as the Harm Principle: 'the only purpose for which power can be rightfully exercised over any member of a civilized community . . . is to prevent harm to others'. As democratic systems of government became better entrenched in Europe and America they also became better understood, and Mill had spotted a latent danger: the tyranny of the majority over the individual and over minority groups.

As befits the author of *Utilitarianism* (see Chapter 5) he makes no appeal to human rights, but rather to the damage done, the value lost, if his principle is not observed. To be master of one's own life is a good for human beings, a part of our happiness, so the individual loses even if what the law forbids them to do is something they wouldn't have done anyway. But the whole society loses too. For the people whom the Harm Principle protects are an extremely valuable resource, precisely because they have unconventional opinions and unusual lifestyles. If their opinions are in fact true the value to the community is obvious. If they are false it is less obvious but equally real: if truth is wholly unopposed it becomes a dead formula on the tongue – opposition ensures that it remains live in the mind. As for unconventional lifestyles, they provide living experimental data from which everyone can learn. Constraining the individual damages everybody.

The State

Earlier (Chapter 2, and again briefly in Chapter 5, p. 50 ff.) we looked at the so-called contract theory of political obligation. We saw it in action in Plato's *Crito*, and noticed that it can in principle take many forms, arising from the variety of possible answers to the question: who contracts with whom to do what on what conditions?

Of all contract theories that of Thomas Hobbes (1588–1679) is perhaps the most famous – and if so then because of his marvellously unflattering description of the 'state of nature', life before any social arrangements had been made, in which nobody can own anything, cultivate anything, or do anything constructive at all without continual fear of being attacked and robbed, with a fair chance of being murdered thrown in. As long as this 'war . . . of every man against every man' lasts, life is 'solitary, poor, nasty, brutish and short'. So how to improve matters? Form an association; agree to accept the authority of a 'sovereign' (person or body) with full powers to do anything they deem needful to protect each of you from the others and from any external threat. This sovereign body can do no injustice, since as their accepted representative everything it does is done with the presumed consent of all who are party to the contract that set it up. Only if the sovereign directly threatens their lives may the citizens resist – for it was to protect their lives that they entered into the contract in the first place. The 'Laws and Constitution of Athens', you recall (*Crito* 50e–51c, p. 19 above), wouldn't allow Socrates even that much, but gave little reason to support such extreme claims.

Mightn't Hobbes's citizens reply that it wasn't just to protect their lives that they entered into the contract? It was to enjoy various liberties, all of which were lacking in the state of nature. That would suggest that the citizens' right of resistance kicks in rather earlier than the point at which their very lives are threatened. (Besides, having handed over all the power, how are they to protect their lives?) Like Plato, Hobbes seems to have gone further than his arguments warrant. But really that isn't surprising. Plato's youth coincided with Athens' disastrous war against Sparta. Hobbes was born as the Spanish Armada approached, towards the end of a century torn by religious conflict that cost millions of lives, and his maturity witnessed England's descent into civil war. No wonder that both men believed that the prime need of political life was government strong enough to maintain peace and order, the values without which no others could even begin. Their way of supporting the individual was to hand over total sovereignty to the state. No surprise that some have thought that they went too far. John Locke (1632–1704), writing less than fifty years after Hobbes but in somewhat less threatening political circumstances, waxed ironical:

> As if when men quitting the state of nature entered into society, they agreed that all of them but one, should be under the restraint of laws, but that he should still retain all the liberty of the state of nature, increased by power, and made licentious by impunity. This is to think that men are so foolish, that they take care to avoid what mischiefs may be done them by pole-cats, or foxes, but are content, nay think it safety, to be devoured by lions.

The priesthood

Priests are not generally persons of either wealth or military strength. So whatever gives them security, and not just security but often very considerable power within their society or religious group, must be something else. It arises from what their people *think* about them, what they take them to be able to do for them, the value that they put upon them. In other words, it arises from philosophy. The less tangible and immediate the benefits and the dangers, the more powerful the apparatus needed to maintain belief in them and faith in those who confer (or avert) them.

This isn't a matter of intentional deception – though it would be absurd

16. Dwarfing everything, Hobbes's Leviathan rises out of the billowing hills of the English countryside. Can this really be safety? No wonder Locke was worried.

to suggest that no such thing ever occurs. It isn't even a question of whether what the priestly class would have the laity believe about them is true or false. The point is that it should be believed: otherwise, no priests. So plenty of writing exists which promotes their status.

Illustrations exist everywhere, so since we haven't set foot outside Western Europe for the last few chapters let's return to India and look at the opening chapter of one of the major Upanishads. By the time *The Questions of King Milinda* was written, the *Bṛhadāranyaka Upanishad* (*BU*, see Bibliography) may well have been as old as Chaucer's *Canterbury Tales* today. It belongs to the world of the Hindu Vedas, a world of ritual, sacrifices, and chants that are highly beneficial, though only if correctly performed. To ensure correct performance, you need an expert learned in Vedic matters; for a major ritual you even need a super-expert who makes sure that the other experts are performing correctly. Such expertise needs to be accorded due respect, and no doubt a due fee. ('I wish I had wealth so I could perform rites' is said to be everyone's desire (1. 4. 17)). This expertise – and the perks attaching to it – is the (hereditary) privilege of a particular social class or caste, the Brahmins. No mere social convention, this caste system, as 1. 4. 11 tells us – apparently it arises out of the way the gods themselves were created. Read 1. 4. 11 very carefully: notice how it ascribes a certain superiority to the Kṣatriya, the ruling aristocratic warrior class, whilst maintaining a certain priority for the Brahmins. Their power is 'the womb' of the power of the rulers – that from which it issues. So it's a bad idea for a warrior to injure a priest, for he harms the source of his own power. This is philosophy and theology, but clearly it is good practical politics as well.

A reader new to this tradition of thought will find much that is strikingly alien. There is the doctrine of the correspondences between the parts of the sacrificial horse (this was the most prestigious of the Vedic sacrifices) and parts or aspects of the world: the year, the sky, the earth.

17. The Raja consults his priests.

There is the faith in etymology, as when a longer word is shown to be made up – approximately – of two shorter words, and this fact is taken as indicating the genesis or inner nature of whatever it is that the longer word describes. The knowledge of this strange lore, the text repeatedly insists, is highly advantageous: 'A man who knows this will stand firm wherever he may go'; and 'Whoever knows this, . . . death is unable to seize him . . . and he becomes one of these deities'. So we should value this knowledge, and therefore we should value the people who guard it – the priests.

It isn't necessarily what the priest can do *for* you – it may be what he can do *to* you. Don't go messing about with a Brahmin's wife. As *BU* 6. 4. 12 makes abundantly clear, he will know just the ritual for getting back at you. And 'A man cursed by a Brahmin having this knowledge is sure to depart from this world bereft of his virility and stripped of his good works . . . . Never try to flirt with the wife of a learned Brahmin who knows this, lest one make an enemy of a man with this knowledge.' You have been warned.

Of course it isn't just priests who need to be needed. It's also doctors and dustbin men and game show presenters and advertising consultants. And – I almost forgot – philosophy professors. They all exist because of people's beliefs and values, hopes and fears.

The working classes

The industrialization of Western Europe brought wealth to a few and the most deplorable conditions of life to many. The many quickly found a champion in Karl Marx (1818–83), whose work, it is no exaggeration to say, changed the political face of all those parts of the globe where there was such a thing as politics at all. Only in the last decade has its influence begun to wane. It may have been a victim of its own success – after all, there is no test of a theory like actually trying it out. (That's the principle which underlies the enormous power of the experimental method in the sciences.) And no political theory ever gets a proper trial unless a lot of people are already convinced of it.

Here we have an opportunity to spot some of those connections which are to be found all over the history of philosophy. Marx was no disciple of Hegel – in some respects he was violently opposed to him. But nobody of that time was untouched by Hegelianism. Like Hegel, Marx held that history exhibits a necessary progression; unlike Hegel, he held the driving force to be economic: the material conditions of life. Like Hegel, he held that progress was essentially the resolution of conflict; but the conflict was between the economic interests of different sections of society – hence the famous 'class struggle' of the Marxists. And he held a version of the doctrine we saw to be so important to Hegel: the value of being in touch with your 'Other', something that 'has something of yourself in it', as we often say.

Marx made full use of this idea in his analysis of the contemporary economic system, characterized by the conflict of interest between the working classes and the capitalists, the owners of the 'means of production' (i.e. the factories). His sympathies lay firmly with the current underdogs, the workers. The crucial thing was that they, needing to make a living and having nothing else to sell, were selling their labour – working in return for a wage. Not much of a wage, because those buying their labour had no interest in paying them any more than was necessary to keep them working. This ensured for them and their families a life of acute and degrading poverty.

But another, more spiritual, feature of the situation was pressing heavily on them too – the fact that the work they were doing was not really *their* work: 'the work is external to the worker, it is not a part of his nature . . . not the satisfaction of a need, merely a means to satisfying other needs. . . . in work he does not belong to himself but to someone else'. The unsatisfied need is the need to express *oneself* in what one does.

Diagnosis is one thing, a cure is another. It turns out to be just as possible to experience alienation when the work one is doing is not one's own but the State's as when it is not one's own but the company's. That much identification with the interests of the community, when the community is a large and complex one, is not easily achieved or maintained. And even if it were, that would just help to make work *endurable*. If what you do is stand by a conveyor belt tightening the lids on jars of marmalade it may make things less intolerable to be doing it for Mother Russia than for the Global Marmalade Corporation. But that does nothing whatever to make it something positive, an expression of your personality or skills or a means to the development of your potential. Nowadays we speak of 'job satisfaction'. Not all of us get it – the problem hasn't gone away.

Women

We have been bounding from topic to topic, person to person, across the globe and three millennia like a package tour gone mad. But nobody has been introduced to philosophy until they have seen, in at least one case, a little more deeply into some one philosopher's mind. We have had a glimpse of two famous works by John Stuart Mill, *Utilitarianism* and *On Liberty*. The first told us that the Good was happiness, the second that happiness requires individual freedom. His almost equally famous essay *The Subjection of Women* (1869) tells us that that means everyone, not just adult males.

The practical politician in Mill takes aim at a quite specific and (in theory at least) easily remedied abuse: 'the legal subordination of one sex to the other is wrong in itself, and now one of the chief hindrances to human improvement; . . . it ought to be replaced by a principle of perfect equality'. Present family law, he argued, amounted to the enslavement of wives. He meant the word quite literally, as his account of the legal position in Chapter 2 shows. What he wants changed, however, is the entire package of practices and opinions which deny women equal educational opportunities and then equal access, on merit, to all occupations and positions of influence.

Any major philosophy needs potential beneficiaries, even in cases where the benefit may be imaginary. In seeking to improve the lot of women Mill has plenty of beneficiaries to appeal to. But he believes that the constituency for his views is 100 per cent of mankind, not just 50. He writes about the injustice to women and the damage done to their lives by existing conditions, but he writes almost as much about the loss to everybody. The suppression of women's talents is 'a tyranny to them and a detriment to society'. History tells us a good deal about what women can do, because women have done it. It tells us nothing about what they can't do, and it never will until they are routinely given the opportunity. (As I write, 130-something years later, a young woman is in the lead in the closing stages of a single-handed round-the-world sailing race, an event that must make demands on mental and physical stamina beyond anything I can imagine.)

Mill also believes that men are damaged as individuals, often in ways they are not likely to notice (which is itself part of the damage). For it is not good for anyone to be brought up to believe themselves superior to others, especially when it happens, as it frequently does, to be others whose faculties are in fact superior to theirs. On the other hand, harsh though it may sound, living one's life around a close relationship with someone of inferior 'ability and cultivation' is detrimental to the superior party. Yet many men find themselves in just this situation, married to women whose limitations are no less real just because they are an enforced artificial product of a thoroughly pernicious system. Those men may think they are winning, but the truth is that everyone's a loser.

Thank goodness things have improved since 1869. A bit. In some parts of the world. For the time being.

Given our topic it would be strange to draw attention only to something written by a man. But there is an obvious, indeed almost obligatory, place to turn. Simone de Beauvoir's massive *The Second Sex* (1949) has been the inspiration of so much feminist writing ever since. Were I allowed a brief return to life in about 200 years' time I would not be surprised to find it rated one of the most influential books of the twentieth century.

Like Mill, Beauvoir is concerned with the liberty of women; unlike Mill, she is not particularly concerned with the connection between liberty and happiness. She denies that there are any interesting general statements about what women are like, for what they are like is a response to their circumstances, some of which are social and therefore highly variable. (Mill appeared to think that there might be some such generalizations, but denied that any were known.) Besides, Beauvoir stands in the existentialist tradition and holds that how we react to our circumstances is a free decision for each of us – to pretend that we are wholly determined by our circumstances is *inauthenticity*, abdication of responsibility.

I have space enough only to touch one of the themes of this long and constantly lively book. In Chapter 7 I spoke of the enormous influence of Hegel, and mentioned his doctrine of self-knowledge: it arises when one meets aspects of oneself in something else, or one's 'Other'. Seizing on the psychological truth in this, whilst completely ignoring Hegel's grand metaphysics, Beauvoir develops her most characteristic doctrine: woman is man's Other, and the self-understanding of both depends on it.

When the Other is itself a subject, a person, the situation becomes more complicated and potentially very damaging. I'm watching you watching me watching you . . . How A sees B affects B, so it alters what A finds in B. And this (recall the doctrine about self-knowledge) alters A's perception of A, which then affects A, both of which affect how A sees B . . . Just once get something badly wrong, as when man enslaved woman, thinking that that was good for him, and woman accepted enslavement, thinking that was the only choice for her, and all relations between the sexes are going to get entangled in a net of error and artificiality. Now 'whatever he does . . . he feels tricked and she feels wronged'. The reciprocity of the relationship means that neither party alone can put it right: Beauvoir appeals simultaneously to men to recognize the independence and equality of women, and to women to become just that, by realizing that it is indeed the truth about themselves.

So on the very last page comes a sentence which, whilst completely characteristic of Beauvoir, could almost have been written by Mill: 'when we abolish the slavery of half of humanity, together with the whole system of hypocrisy that it implies, then the "division" of humanity will reveal its genuine significance and the human couple will find its true form'. He, coming from the empiricist and utilitarianism tradition, and she, against the totally different background of Hegel plus existentialism, end up remarkably close together. It almost makes you think they might be right . . .

Animals

Anyone promoting the interests of animals – non-human animals – faces an initial problem: animals can't read. So the writer will have to convince an audience distinct from the group he seeks to benefit, which calls for one or both of two strategies: either appeal to their better nature, or argue that they will benefit too. We saw the second of those at work in attempts to engage the support of the laity for the priesthood; Mill and Beauvoir used both in trying to rally men to the cause of women's emancipation.

The situation is even less promising when most of those to whom you are appealing benefit, or think they benefit, from the very practices you are trying to have abolished. Lots of people like to eat meat, lots of people believe that humans benefit enormously from medical research conducted by means of experiments on animals. Feminist writers had something of the same problem when they tried to win men over to their views, but at least they had a direct constituency in women; 'animalists' have no direct constituency at all.

Buddhism, without going to extremes, is naturally protective towards animals. I say 'naturally', because Buddhism retains the Hindu belief that souls return again and again to life, and that what is in one incarnation a human may in another be an animal. The Buddha once lived as a hare. Christianity had no such metaphysics, nor the attached scruples – ask an Indian cow whether metaphysics matters! Adam was created Lord over the animals, and they were created for the use of mankind. We have rational souls, but they don't, which leaves them outside the moral sphere. (St Thomas Aquinas (1225–74) said so, among others.) That one ran and ran. Hume took a pop at it (see p. 26 above), but still it went on running.

As the founder of the utilitarianism that Mill espoused and developed, Jeremy Bentham (1748–1832) took pain and pleasure to be the morally decisive categories, and famously declared of animals: 'The question is not, Can they reason? nor, Can they talk? but, Can they suffer?' (They can, of course, so they enter into the utilitarian equation and we have moral responsibilities towards them.) But that was an incidental passage from a book devoted to human welfare. It was only very recently that we began to get whole books explicitly about the morality of our treatment of animals (see Bibliography), a fact which may reflect the tricky tactical situation which their authors have to address.

Their doctrines have made enormous progress over the last twenty or thirty years – the tactical problem wasn't insoluble. They were able to appeal to the sentimentality of those who like to ascribe human characteristics to animals. They were able to appeal to the much harder facts of modern biology, which show, far more convincingly than Hume could have done, that our relationship to animals is a lot closer than

Aquinas ever imagined. They appealed powerfully to people's consciences, asking Bentham's question whether the suffering of animals could be justified by resulting good for humans, and if so, then when? For you might feel a difference between the death of experimental mice in return for a substantial advance in the treatment of cancer, and the death of dogs and bears in a bear-pit for the sake of a few minutes of sport.

Some aspects of animal welfare tie in with another pressing concern – the whole business of damage to, and care for, the natural environment. One such aspect, vegetarianism, is sometimes treated in that way. Using vegetable materials to feed cattle, and then eating the meat, is said to be a very inefficient way of using the Earth's resources, compared with eating the vegetables straight off and cutting out the cow in between. So vegetarianism is presented as being, long-term, in everyone's self-interest. Good move – the more people are listening, the more point in talking.

Professional philosophers

You will have noticed, perhaps with some surprise, that I have said nothing about philosophy as it is being written now. That some of it is of value, and will last, I have little doubt, and even less doubt that what lasts will be a tiny fraction of what is now being published. I could guess at one or two titles, but a guess is exactly what it would be; so I have preferred to stick to work which we already know to have survived a substantial test of time. Part of the reason why it has survived the test is that it was written out of a real feeling that its message was needed for the benefit of humanity, and we can recognize the passion in it as well as the intelligence.

There is no reason why today's philosophical writing shouldn't be like this, and some of it is. But one should be aware that most of it is written by professionals, people whose livelihood and career prospects require

18. A professional philosopher – be just a little wary of this man.

them to write and publish on philosophy. Nothing *follows* from that – after all, Kant and Hegel were professional philosophers too. And it certainly doesn't follow that their interest in philosophy isn't genuine. But it does mean that amongst the various reasons for them to be interested, some are what I might call artificial. Back in Chapter 1 I spoke of philosophers as entering debate to change the course of civilization, not to solve little puzzles. But in today's world of professionalized philosophy the most brilliant solution of a puzzle can get its author a very long way indeed; the temptations and pressures are there to write on puzzles, for other professional philosophers, and let civilization take its own course.

That is not – please! – to be read as a blanket condemnation of everything now emerging from university philosophy departments. It is meant as advice to someone making their first approach to philosophy with the help of this *Very Short Introduction*. If you are leafing through the latest philosophy book from some academic press, or a recent issue of a top professional journal, and find yourself unable to see what is going on or what claim it could possibly have on your attention, don't transfer your reaction to the whole of philosophy *en bloc*. It may be that you are looking at a detail from some much larger picture that you don't yet have the experience to recognize. Or the worst may be true, and you really are reading the philosopher's equivalent of a chess problem, something highly ingenious but with no wider significance. Whilst developing your own powers of discrimination, stick to the good old classics.

For no such doubts need arise about any of the philosophers I have tried to introduce you to. We know that they were writing from the heart as well as from the head. Alongside their enormous merits they may have their faults, to be sure: unsuspected ignorance, prejudice, over-confidence, obscurity – just to get the list started. But as I hope to have indicated, philosophy is as wide as life, and in its huge literature are exemplified most intellectual vices as well as most intellectual virtues. Wishing it were otherwise would be close to wishing that human beings didn't have minds.

Bibliography
Where to go next?

My time is up. But I promised to leave you with the names and addresses, so to speak, of some guides with whom you can begin to go further and deeper. It is worth noticing that some very prominent philosophers have devoted time and care to writing introductions. This is no matter of churning out a standard textbook: every route into philosophy is to some extent personal.

Introductions

T. Nagel, *What Does it All Mean?* (New York and Oxford: Oxford University Press, 1987)

In this very short book Tom Nagel, eschewing all mention of history and aiming straight for the problems, gives the reader a taste of nine different areas: knowledge, other people's minds, the mind–body relation, language and meaning, freedom of the will, right and wrong, justice, death, and the meaning of life. Just right for your first piece of reading – see what grabs you.

S. W. Blackburn, *Think* (Oxford: Oxford University Press, 1999)

The perfect thing to move on to after Nagel. Takes on several of the same themes as Nagel's book, plus God and Reasoning, now at greater length and depth; frequent quotation of historical sources, so beginning to communicate a sense of the (Western) philosophical tradition. Very entertainingly written.

B. Russell, *The Problems of Philosophy* (Oxford: Oxford University Press, 1912)

A classic introductory book, still going after nearly ninety years. Don't miss the last chapter – Russell's claims for the value of philosophy – even though some of it may nowadays seem just a little grandiose and optimistic.

Histories of philosophy

B. Russell, *History of Western Philosophy* (London: George Allen & Unwin, 1946)

A remarkable book synthesizing a mountain of material in a most engaging way. Enjoy it, but don't be surprised if you later hear the opinion that Russell's account of some particular thinker is limited, or misses the main point, or is distorted by his intense dislike of Christianity.

F. Copleston, *A History of Philosophy* (8 vols. London: Burns & Oates, 1946–66)

Nothing like so much fun as Russell, but comprehensive and reliable and suitable for serious study. With a different publisher (Search Press), Copleston later added a volume on French philosophy from the Revolution onwards, and another on philosophy in Russia.

S. Radhakrishnan, *Indian Philosophy* (2 vols. Delhi: Oxford University Press, 1996; 1st publ. 1929)

Sarvepalli Radhakrishnan, President of India 1962–7, earlier held professorships in Calcutta and Oxford. The Indian philosophical tradition is deep and sophisticated; the Western reader will often come across familiar thoughts and arguments, fascinatingly transformed by the unfamiliar background. Don't panic if you see a few words of Sanskrit.

Reference works

There are now several good one-volume works of this kind: *The Oxford Dictionary of Philosophy*, by Simon Blackburn; *The Oxford Companion to Philosophy*, ed. Ted Honderich; *The Cambridge Dictionary of Philosophy*, ed. Robert Audi (first two Oxford University Press, the last Cambridge University Press).

The best multi-volume work in English is (though I say it myself – to understand why I say that, take a close look at the photo on p. 117) *The Routledge Encyclopedia of Philosophy*. Not, in most cases, for the individual pocket! This is one to read in a big public library or a university library, or via some such institution which subscribes to the internet version.

Works referred to in the text

Chapter 2

Plato, *Crito*. Handy and accessible is *The Last Days of Socrates* (Penguin Books) which contains *The Apology*, *Crito*, and *Phaedo* in a translation by Hugh Tredennick. My only complaint is that the Stephanus numbering is indicated at the top of the page, instead of being given fully in the margin. Should you feel yourself getting keen on Plato a good buy is *Plato: Complete Works*, ed. J. Cooper and D. S. Hutchinson (Hackett Publishing Co.).

Chapter 3

David Hume, *Of Miracles*, section X of *An Enquiry Concerning Human Understanding*. Many editions. Try that by L. A. Selby-Bigge (Oxford

University Press), which includes Hume's *Enquiry Concerning the Principles of Morals*. Other writings on religion by Hume, also easily available, are his *Dialogues Concerning Natural Religion* and *The Natural History of Religion*.

Chapter 4

Anon., *The Questions of King Milinda* is available in an inexpensive abridged version edited by N. K. G. Mendis (Kandy, Sri Lanka: Buddhist Publication Society, 1993).

Plato, *Phaedrus* 246a ff. and 253d ff. Plato compares the soul to a chariot.

Anon., *Katha Upanishad*, 3. 3–7, 9: the soul is compared to a chariot in the early Indian tradition. An easily available edition of the main Upanishads is in the Oxford University Press World Classics series in a translation by Patrick Olivelle.

Chapter 5

Epicurus: The early historian of philosophy Diogenes Laertius wrote a work called *Lives of the Eminent Philosophers*, published in the Loeb Classical Library by Harvard University Press (2 vols.) The last section of vol. 2 is devoted entirely to Epicurus, and reproduces some of his writings. (Apart from these only a few fragments have come down to us.)

John Stuart Mill, *Utilitarianism*. This short work, and Mill's *On Liberty* (see below under Ch. 8) can both be found in a volume in the Everyman's Library series published in London by J. M. Dent & Sons and in New York by E. P. Dutton & Co.

Thomas Hobbes, *Leviathan*. One good option is the edition by Richard Tuck published by Cambridge University Press. The famous chapter about the state of nature is part 1, chapter 13.

Plato, *Republic* 453–66. Plato's abolition of the family – or should one rather say his introduction of a new, non-biological concept of the family? – and his reasons for it.

Chapter 6

Lucretius, *Of the Nature of Things*, translated by R. E. Latham, introduction by John Godwin, Penguin Books. Lucretius, a Roman of the first century BC, put the doctrines of Epicurus into Latin verse with the clear intention of converting his compatriots if he could. Godwin's introduction begins: 'This book should carry a warning to the reader: it is intended to change your life'. The original title is *De Rerum Natura.*

Berkeley, *Three Dialogues between Hylas and Philonous*. Numerous editions: a good bet is Roger Woolhouse's edition, published by Penguin Books, which also contains Berkeley's *Principles of Human Knowledge*.

Kant, *Critique of Pure Reason*. Still the best translation is that by Norman Kemp Smith, published by Macmillan. But beginners beware: this is very hard reading.

Sanchez, *Quod Nihil Scitur*. This is highly specialized stuff, but since I mentioned it in the text I give the details here: edited and translated by Elaine Limbrick and Douglas Thomson, published by Cambridge University Press.

Descartes, *Meditations*. Many editions available. But just in case you find yourself getting interested in Descartes try (in its paperback version) *The Philosophical Writings of Descartes*, translated by J. Cottingham, R. Stoothoff, and D. Murdoch, published by Cambridge University Press (2 vols.) The *Meditations* are in ii. 3–62.

Sextus Empiricus, *Outlines of Pyrrhonism*. Again, this is specialized material. But it would be a pity never to have read at least the first twelve sections of book 1, as far as the point where Sextus explains what the Sceptical philosophy is for. R. G. Bury's translation is published in the Loeb Classical Library by Harvard University Press.

Chapter 7

Descartes, *Discourse on the Method*. Numerous editions: see the recommendation for Descartes's *Meditations* just above. *The Discourse on the Method* is in i. 111–51. Parts of Descartes' *Treatise on Man*, from which the illustration on p. 80 of this book was taken, are on pp. 99–108

Hegel, *Introduction to the Philosophy of History*. An excellent translation is that by H. B. Nisbet and published by Cambridge University Press under the title *Hegel, Lectures on the Philosophy of World History: Introduction*. Pp. 25–151 give you all you need.

Charles Darwin, *The Origin of Species*. To be recommended is the edition by J. W. Burrow published by Penguin Books. If you haven't time for the whole of it, at least read chapters 1–4 and 14 (the closing chapter).

Nietzsche, *The Genealogy of Morals*. Translating Nietzsche's resonant and inventive German is a tricky business; that may be why so many English translations are presently available. The two I can recommend are those by W. Kaufmann and R. J. Hollingdale, published by Vintage Books, and by Douglas Smith, published by Oxford University Press in their World Classics series. (But if you *can* comfortably read Nietzsche in German don't even think about reading him in any other language.) The central passage about the activities of the 'ascetic priest' is 3. 10–22 – but don't limit yourself to that.

Chapter 8

John Stuart Mill, *On Liberty*. This and Mill's essay *Utilitarianism* (see above under Chapter 5) are in a volume in the Everyman's Library series published in London by J. M. Dent & Sons and in New York by E. P. Dutton & Co.

John Stuart Mill, *The Subjection of Women*. Available in a volume called *John Stuart Mill: Three Essays*, introduction by Richard Wollheim, published by Oxford University Press; or by itself in a very inexpensive version from Dover Publications.

Anon., *Bṛhadāranyaka Upanishad*. As with the *Katha Upanishad* (see above), an accessible edition is Patrick Olivelle's translation of the main Upanishads in the Oxford University Press World Classics series.

Simone de Beauvoir, *The Second Sex*. The translation by H. M. Parshley is one of the most handsome volumes in the Everyman's Library series, published by David Campbell Publishers Ltd.

Karl Marx, *Economic and Philosophical Manuscripts*. This is where the quotation in the text comes from. Someone having their first go at Marx should look to some anthology of his writings, perhaps *The Marx–Engels Reader*, ed. R. Tucker, published by Norton and Co. But beware: Marx, especially early Marx, often isn't easy to read – a consequence of habits of thought and style he got from Hegel.

Peter Singer, *Animal Liberation*, is a notable example of a book devoted to the morality of human relationships with animals, published by New York Review Books in 1975. Tom Regan's *The Case for Animal Rights* (University of California Press, 1983) is another.

“牛津通识读本”已出书目

古典哲学的趣味
人生的意义
文学理论入门
大众经济学
历史之源
设计，无处不在
生活中的心理学
政治的历史与边界
哲学的思与惑
资本主义
美国总统制
海德格尔
我们时代的伦理学
卡夫卡是谁
考古学的过去与未来
天文学简史
社会学的意识
康德
尼采
亚里士多德的世界
西方艺术新论
全球化面面观
简明逻辑学
法哲学：价值与事实
政治哲学与幸福根基
选择理论
后殖民主义与世界格局

福柯
缤纷的语言学
达达和超现实主义
佛学概论
维特根斯坦与哲学
科学哲学
印度哲学祛魅
克尔凯郭尔
科学革命
广告
数学
叔本华
笛卡尔
基督教神学
犹太人与犹太教
现代日本
罗兰·巴特
马基雅维里
全球经济史
进化
性存在
量子理论
牛顿新传
国际移民
哈贝马斯
医学伦理
黑格尔

地球
记忆
法律
中国文学
托克维尔
休谟
分子
法国大革命
民族主义
科幻作品
罗素
美国政党与选举
美国最高法院
纪录片
大萧条与罗斯福新政
领导力
无神论
罗马共和国
美国国会
民主
英格兰文学
现代主义
网络
自闭症
德里达
浪漫主义
批判理论

德国文学
戏剧
腐败
医事法
癌症
植物
法语文学
微观经济学
湖泊
拜占庭
司法心理学
发展
农业
特洛伊战争
巴比伦尼亚
河流
战争与技术
品牌学

儿童心理学
时装
现代拉丁美洲文学
卢梭
隐私
电影音乐
抑郁症
传染病
希腊化时代
知识
环境伦理学
美国革命
元素周期表
人口学
社会心理学
动物
项目管理
美学

电影
俄罗斯文学
古典文学
大数据
洛克
幸福
免疫系统
银行学
景观设计学
神圣罗马帝国
大流行病
亚历山大大帝
气候
第二次世界大战
中世纪
工业革命
传记